全民健身公共服务体系构建研究

朱亚成◎著

九州出版社
JIUZHOUPRESS

图书在版编目（CIP）数据

全民健身公共服务体系构建研究/朱亚成著. --北京：九州出版社，2022.11

ISBN 978-7-5225-1465-9

Ⅰ. ①全… Ⅱ. ①朱… Ⅲ. ①全民健身－公共服务－体系建设－研究－中国 Ⅳ. ①G812.4

中国版本图书馆 CIP 数据核字（2022）第 222503 号

全民健身公共服务体系构建研究

作　　者　朱亚成　著
责任编辑　杨鑫垚
出版发行　九州出版社
地　　址　北京市西城区阜外大街甲 35 号（100037）
发行电话　（010）68992190/3/5/6
网　　址　www.jiuzhoupress.com
电子信箱　jiuzhou@jiuzhoupress.com
印　　厂　北京市北方华天彩色印刷有限公司
开　　本　787 毫米×1092 毫米　16 开
印　　张　10
字　　数　203 千字
版　　次　2022 年 11 月第 1 版
印　　次　2024 年 1 月第 2 次印刷
书　　号　ISBN 978-7-5225-1465-9
定　　价　78.00 元

前言

广泛开展全民健身活动，提高全民族的健康素质，是全面建设小康社会的重要内容，是构建社会主义和谐社会的必然要求。在全民健身上升为国家战略、全民健身与健康中国深度融合的新时代，构建比较完善的全民健身公共服务体系显得尤为重要。全民健身公共服务体系在本质上是显著提高全民族健康素质的社会化保障系统和服务系统，它始终以社会效益作为自己的出发点和归宿。这个体系的基本特征是公共性、公益性、全面性和多元化，是保障性、系统性、服务性和平民化，核心是公共性。

本书对有关全民健身体系和全民健身公共服务体系的文献进行了较为系统的梳理，对构建全民健身公共服务体系与经济、社会和国际大众全民健身发展客观现实的联系进行了较为深入的研究。在全民健身公共服务体系构建过程中，需要结合人民健身需求，结合全民健身产品与全民健身服务等方面的需求，增强人民在全民健身方面的意识，增加全民健身人数，提高国民素质，实现社会资源的有效整合，优化配置社会公共资源，提供更为优质的服务。希望本书的出版能够为我国全民健身公共服务的健康发展提供借鉴。

本书在撰写的过程中，参考和借鉴了大量有关全民健身和公共体育服务等方面的书籍和资料，在此向有关作者致以诚恳的谢意。受时间和精力所限，不足之处在所难免，恳请广大读者批评指正！

目录

第一章　公共服务体系构建的基本理论

2022年1月10日，国家发展改革委等部门联合印发了《“十四五”公共服务规划》(发改社会〔2021〕1946号，以下简称《规划》)。《规划》明确了以标准化推进基本公共服务均等化的路径，首次将覆盖面更广、服务内容更丰富、需求层次更高的非基本公共服务和能够与公共服务密切配合、有序衔接的高品质多样化生活服务同步纳入规范范围，提出了系统提升公共服务效能的支持政策。本部分将基于对公共服务特性的分析，从理论上探讨公共服务供给主体与供给机制，为社会保障公共服务体系的构建提供理论基础。

第一节　公共服务及其特征

一、公共服务的概念解析

清晰界定研究对象是分析问题的逻辑起点。如果人们对概念理解得不正确，那么最后有可能放弃真正对自己有意义的知识，从而得到对自己的研究有害的结论。进入21世纪以来，尤其是党的第十六次全国代表大会第一次把公共服务归为政府四大基本职能之一以来，在理论界掀起了公共服务研究的热潮，有关公共服务问题的研究成果可谓汗牛充栋。根据中国知网数据库统计，标题中含有“公共服务”(精确检索)的各类文献多达11125篇，其中，学术论文5495篇，重要报纸文章4647篇，重要会议论文425篇，硕士学位论文504篇，博士学位论文54篇。虽然研究成果从不同的角度对于推进公共服务的有效供给，满足民众福祉提供了有价值的成果。但是，客观分析不难发现，学者们对于什么是“公共服务”这一本源性问题有着不同的认识。总体而言，目前学术界对于“公共服务”概念及其内涵的理解可概括为：公共物品论、公共利益论等。

(一)公共产品视角下的公共服务

许多学者从公共物品理论出发，认为公共服务就是提供公共物品，并依据“公共物品”的概念，推演出“公共服务”的定义。马庆钰提出：“公共服务是政府在纯粹公共物品、混合性公共物品，以及带有生产的弱竞争性和消费的弱选择性私人物品的生产与供给中的职责。由于这三类物品各有特性，政府公共服务的管理策略和生产与提供的介入程度也应有所不同。”高新才、石国亮等学者也认为公共物品和公共服务是可以等同和相互替换的概念，至少它们之间的界限是模糊的。徐小青、郭建军在《中国农村公共服务改革与发展》一书中指出：

把为满足农村社区共同发展和农村社区居民生活共同的需要，并且具有一定非竞争性和非排他性的服务称之为农村公共服务。说到底，农村公共服务隶属于公共产品，是农村公共产品中不具有商品实体特征而是服务性质的一类公共产品。席恒也认为公共服务是无形的公共物品。他认为按公共产品的表现形式可以分为有形产品和无形产品两大类。一般来说公共物质性产品是有形产品，它有各种各样的物质表现形式；行政产品和公共服务是无形产品，它没有具体的物质形式。人们通常称无形产品为公共服务。由于认为公共服务和公共物品具有本质上的内在一致性，因此，有关公共物品理论的研究可以用于分析公共服务问题。

国内学者对于公共服务与公共物品关系的分析与诸多国外学者具有异曲同工之妙。公共选择理论的代表人物詹姆斯. M. 布坎南在《民主财政论》一书中指出："根据我们的目的，任何集团或社团为任何原因决定通过集体组织提供的商品或服务，都将定义为公共商品或服务。"公共经济学研究的创始人之一埃莉诺·奥斯特罗姆在《公益物品与公共选择》一文中指出："为了厘清公共经济的逻辑，我们应该首先认为公益物品的性质不同于私益物品。然后，我们探索公共领域多组织安排的可能性，包括发展类似于市场的安排。"公共服务民营化的先驱和主要倡导者 S. 萨瓦斯在《民营化与公私部门的伙伴关系》一书中特别强调，物品和服务"这两个术语将被用作同义词"。全书的逻辑线索是从探讨"物品和服务的基本特征"入手，进而揭示"提供物品和服务的不同机制"，以公共物品属性推定公共服务属性的思维特点非常明显。

基于对公共服务与公共物品关系的分析，可以进一步地推演出公共服务的特征。公共物品的概念最早是由瑞典经济学家林达尔在 1919 年提出的。1954 年，美国经济学家萨缪尔森发表了《公共支出的纯理论》一文，提出了对公共物品比较精确的定义，认为：纯粹的公共物品是指这样的物品，即每个人消费这种物品，不会导致其他人对该物品消费的减少。奥尔森在《集体行动的逻辑》中也指出：任何物品，如果一个集团中的任何个人能够消费它，它就不能不被该集团中的其他人消费，这类物品就成为公共物品。因此，判断某一物品或服务是否属于公共物品或公共服务的基本标准是：非排他性与非竞争性。非竞争性是从公共物品的消费、受益角度讲的。即任何一个消费者对公共物品的消费，都不影响其他消费者的消费或同时从中受益。严格说来，非竞争性包含两方面的含义：一是消费者的增加不引起生产成本的增加，即增加一个消费者的边际生产成本为零；二是消费者的增加不会影响其他消费者的消费数量和消费质量，即多一个消费者的边际拥挤成本为零。非排他性是从公共物品的供给角度来讲的，指公共物品一旦被生产出来，生产者就无法决定由谁来得到它。即为该物品的供给出资的人在享受该物品带来的利益时，无法排除其他人从中受益。具体说，就是无法将拒绝为之付款的人排除在受益范围之外。不可排除的原因，或是技术上不可能，或是排除的成本高昂到不可接受。公共物品的非排他性意味着存在"搭便车"现象。恰恰由于这种

"搭便车"的行为,使提供公共物品的私人成本和社会成本、私人收益和社会收益发生偏离,扰乱了市场机制的功能,不能实现社会资源的最优配置,造成了所谓的"市场失灵"。

但是,完全符合非竞争性和非排他性特征的公共物品少之又少,大多数的物品介于公共物品和私人物品之间。布坎南在萨缪尔森的基础上提出了俱乐部经济理论:一些物品或服务,它们只拥有部分的公共性,而最优的共享群体是介于个人或私人家庭与人数不限之间的社会群体之间的团体,这类物品被称为"俱乐部物品"。诺贝尔经济学奖得主、著名公共经济学家埃莉诺·奥斯特罗姆从公共池塘资源问题入手,探讨了自主治理公共池塘资源的可能性。她指出:公共池塘资源指的是一个自然的或人造的资源系统,这个系统大到足以使排斥使用资源而获得收益的潜在受益者的成本很高……拥挤效应和过度使用在公共池塘资源系统中长期存在。奥斯特罗姆的公共池塘资源理论和布坎南的俱乐部理论一起,丰富了公共物品理论体系。

至此公共物品理论似乎已经形成一个相当完美、极具解释性的分析工具,它成为公共经济学的基础,成为政府公共职能的认识依据。然而实际情况却显示公共物品理论在面对另外一类生产和消费时仍存在涵盖的不完全性和解释的不充分性。

对于俱乐部类公共物品而言,如加密的电视节目,一方面它具有非竞争性,一个人的消费并不减少另一个人的消费;另一方面它又具有排他性,只有为加密电视付费的人才能收看到这种电视节目。对此类物品,如果仅由市场提供,产品供给往往达不到效率水平;而若完全作为公共产品免费供应的话,会大大增加拥挤成本。由于此类物品排除追加的消费者的交易费用很低,因此可以通过付费的方式将此类物品的消费者群体控制在某一特定的群体内。但是,有些俱乐部类的公共物品,比如教育、公共交通等,由于其具有较大的社会价值,消费应该得到鼓励,不管消费者是否具有支付能力。此外,还有一些物品,比如食品、医疗等,具有完全的竞争性和排他性,是地地道道的私人物品,但由于其被赋予了特殊的社会价值而逐渐导致了一种信念,即个人的衣食住行等生活必需品是公民的权利,具有某种共同消费的特征。对于如上所提到的这类个人和可收费物品,由于其固有的排他性和消费特性,其性质不能被重新界定,物品的性质也不会轻易发生变化。现实中的转化仅仅是出于社会选择,即社会通过政府做出的决定,完全或部分地利用集体资源来提供某些个人和可收费物品,此类物品也被称为福利物品(worthy goods)。而传统的公共物品理论无法对需要通过社会选择、政治程序做出决策的福利物品的供给做出合理的解释,这显然也超出了经济学的研究范畴。

实际上,在肯定公共物品与公共服务的紧密联系的基础上,也有学者否认了二者的一致性。李军鹏、李燕、靳永翥、石国亮等学者对于公共物品和公共服务的区别做了分析。李军鹏的研究认为公共服务概念比公共物品更广泛,虽然一些公共服务具有公共产品的特性,但公共服务基于公平性考虑,其内涵比公共物品更宽泛。公共服务是在社会福利最大化意义上的公共产品，隐含着价值判断。而这一分析可以对类似于福利物品的价值属性的转化做出解释。李燕认为：在经济学中，产出可以分为物品和服务两种形式，它们的区别在于物品是有形的，而服务是无形的。因此根据产出的不同形式，政府可提供两种类型的产出：一种是公共物品，另一种是公共服务。但是，通常在财政学中使用“公共物品”与“公共服务”等措辞，并不是从政府产出的产品物质形式去定义，而是将它们作为与私人物品和服务相对应的概念。如果基于这一点，此时的“公共物品”与“公共服务”实际上取得了基本一致的内涵。但从范畴上说，公共服务则比公共物品更宽泛，即通过公共服务可以提供公共物品，也可以提供混合物品或私人物品；而且不仅表现在物质条件上，还反映在政府工作人员的文化素质、精神面貌、服务方式和服务态度上。靳永翥认为：公共物品与公共服务间有着重要的联系，可将公共物品看作是公共服务的一个子集，将公共物品生产作为公共服务提供整个过程中的一个重要环节，或者将公共物品作为公共服务实现或者公共利益兑现的载体。但二者之间的区别也是非常明显的：第一，在实践主体的合法性地位确认方面，可能存在不一致。根据国外学者的经验性研究成果，应该将公共服务供应责任和物品的生产责任区分开来，政府始终承担公共服务供应的政治责任，将生产责任以委托、出售、竞争、特许经营和补贴等多种方式交由私人或第三部门生产，并通过法律形式固定下来。第二，在表现形式上，公共服务更多的是一种抽象而笼统的政府活动的集合体，而公共物品则在更多意义上表现为一种有形的或无形的准物质性产出。石国亮、张超、徐子梁在研究中虽然没有区分公共物品和公共服务的概念，但是也认为二者之间存在一定的差别：第一，在古典经济学中，主要论述物品的概念，主要指有形的物质产品，而不包括服务。后来随着经济发展，服务所占比重越来越大，原有的物品的概念有些过时，因此，现在人们更多地使用公共服务的概念或者并称为公共物品和公共服务；第二，公共服务和公共物品在很大程度上是公共供给过程的不同阶段，即将公共物品看作是公共服务实现的载体；第三，公共服务中包含一定的价值判断因素，而公共物品中缺乏价值判断的因素。比如《世界人权宣言》等人权公约和国际劳工组织宣言等都规定了成员国要保障全体公民平等地享有公共服务权利，公共服务的价值因素格外凸显。有学者基于对公共物品和公共服务区别和联系的分析，提出：公共服务是政府在纯粹公共物品、混合性公共物品以及带有生产的弱竞争性和消费的弱选择性私人物品的生产与供给中的职责。由于这三类物品各有特性，政府公共服务的管理策略和生产与提供的介入程度也应有所不同。并且认为公共服务是一个系统性实践，整个系统至少包括服务的结构、服务规划、服务融资、服务政策方案评估、服务的提供和服务质量的监督等六个环节。

（二）公共利益视角下的公共服务

许多学者还从公共行政和公共管理的角度来探讨公共服务。在公共行政和公共管理中，把所有涉及为公众利益服务的事务称为公共服务。新公共行政学派的代表人物弗里德里克森等人认为：政府公共服务就是要对宪法、社会公正和公共利益做出必需的回应。刘尚希也指出:公共服务是政府利用公共权力或公共资源,为促进居民基本消费的平等化,通过分担居民消费风险而进行的一系列公共行为。所谓公共服务,广义上可以理解为不宜由市场提供的所有公共产品,如国防、教育、法律等,狭义上一般指由政府直接出资兴建或直接提供的基础设施和公用事业,如城市公用基础设施、道路、电讯、邮政等。刘星也指出:公共利益是服务理念的终极追求……公共利益是衡量和判定服务的首要标准。在法学领域,也有许多学者认为公共利益才是提供公共服务的基本判断标准,如法学家于名扬在对公共服务界定时指出:公共服务是指行政主体为了直接满足公共利益的需要而从事的活动,以及私人在行政主体的控制下,为了完成行政主体所规定的目的而从事的满足公共利益需要的活动。基于公共利益视角下的公共服务理论,非常强调政府的作用,把提供公共服务作为政府的基本职能之一。虽然政府服务不是公共服务的全部,政府也不是唯一的服务供给者,但政府是重要的公共部门之一,是公共服务的主要提供者,因而,政府的行为方式无疑是判定公共服务的重要标尺。新公共服务理论的代表人物登哈特也指出,政府日益重要的角色就是公共服务的提供者,亦即帮助公民表达并满足他们共同利益需要,而不是试图通过控制或者"掌舵"使社会朝着新的方向发展,并为公共利益承担起应有的责任。

基于公共利益视角下的公共服务概念剖析,需要对什么是公共利益有一个基本的认定。到目前为止,关于"公共利益"的理解,至少存在四种研究途径或观点:一是运用政治学中"立宪代议制"与"治理"范式变革中"公民资格理论"的分析途径,把公共利益定位于代表性与社会回应性,将其作为新公共行政的价值选择,并与传统单纯的官僚技术效率行政相区别。二是从多元主义角度出发,认为利益集团与政府博弈的过程与结果是公共利益的表现形式,也就是说,公共利益是集团性利益、社群性利益或者共同体利益,没有单纯抽象的公共利益。三是从经济学公共选择理论出发,依据个人追逐私利最大化的"理性人"假设,认为公共利益是各种有差别的个人利益需求的简单聚合。四是从传统的政治哲学观出发,认为人的自我中心使得零散的个体很难自愿组织起来,参与到维护公共利益的政治共同体中,亦即纯粹的公共利益是不存在的。实际上,由于人类活动具有公私之分,因而人类活动从目的上就具有"公益"和"私益"之别。席恒教授研究指出:所谓"公共利益"是指满足社会或群体中全体成员或大多数成员需求,实现他们的共同目的,代表他们的共同意志,使其共同受益的一类事务。而"私人利益"则是指只满足社会或群体中个别成员需求,实现个别成员目的,代表个别成员意志,使个别人受益的事务。从根源上,公共利益源于人们的公共需求。在现实中,公共利益可以分为三类:一是自在的公共利益。如生态利益,它是客观存在的,对一定范围内的社会成员来说是公共的或共同受益的,但在一般情况下,它却未被察觉、未被维护。只有当它被损害而祸及众多私人利益时,才以"公害"形式表现出来从而使人们意识到它的存在。因此需要一种"强制性"的机制以维护这类公共利益,防范它被损害。二是被察觉的公共利益。如公共安全,人们都察觉和意识到这一类公共利益的存在,它对每一个社会成员来说都是共同受益的，但人们一般都不会主动地维护这类公共利益，因而也需要一种“强制性”的机制来保障这类公共利益的实现。三是被维护的公共利益。如公共秩序和公共服务，这类公共利益是一定范围内全体社会成员或大多数成员所认同的并在一定程度上被维护着，因为这类公共利益与每一个社会成员的私人利益息息相关，为了这类公共利益的实现，社会中的每一个人都会在不同程度和不同层次上自觉、自愿地进行投入，以保证个人利益的实现和社会的和谐与持续发展。

虽然“全体成员或大多数成员”是对公共利益的一个基本认定，但在实践中的界定却十分模糊。各国立法基本上都没有对公共利益进行精确的定义，而只是采取了抽象概括的方式来规定。2011 年公布的《国有土地上房屋征收与补偿条例》本意是“为了规范国有土地上房屋征收与补偿活动，维护公共利益，保障被征收房屋所有权人的合法权益”。该条例中列举了可以征收土地的几种情形：(1)国防和外交的需要；(2)由政府组织实施的能源、交通、水利等基础设施建设的需要；(3)由政府组织实施的科技、教育、文化、卫生、体育、环境和资源保护、防灾减灾、文物保护、社会福利、市政公用等公共事业的需要；(4)由政府组织实施的保障性安居工程建设的需要；(5)由政府依照城乡规划法有关规定组织实施的对危房集中、基础设施落后等地段进行旧城区改建的需要；(6)法律、行政法规规定的其他公共利益的需要。但是，该条例一经发布，社会各界就围绕着什么是“公共利益”展开了激烈的争论。究其原因，是因为公共利益的最大特点在于，它是一个与诚实信用、公序良俗等相类似的框架性概念，具有高度的抽象性和概括性。对公共物品尤其是具有现实意义的有形物品可以做具象界定，甚至可以纳入 MRS(边际替代率)分析。但对公共利益很难用具象的指标来衡量，原因是公共利益较之公共物品相对抽象。

因此，传统的基于“公”和“私”二分法的视角来界定公共利益，存在着固有的缺陷，必须廓清“公共”二字的含义。美国行政学家德怀特·沃尔多从三个方面阐释了对“公共”含义的理解：(1)可以根据政府与国家之类的词给“公共”下定义，这就涉及主权、合法性、普通福利等法律概念、哲学概念和普通政治理论方面的问题。(2)可以按照在某种社会中人们认为有哪些公共职能或公共活动的认识简单地从经验方面给“公共”下定义。这样一来，由于人们的认识不同，很难有统一的规定。(3)可以根据政府所执行的职能或活动的常识性方法来定义，但有许多政府行为是不稳定的或不确定的。沃尔多给出的解释“公共”的三种角度实际上可以归结为规范和经验两个层面。规范层面的解释更具理论厚度和说服力度，而经验层面的解释则容易导致价值祛除，并引发认识上的混乱。中国学者张康之也指出，公私的边界是模糊的和无法确定的，更多地取决于“涉事者”个人的理解和领悟。公私的概念只是人的集合状态或规模的状况，在这之外就没有什么差别了，所指的只是一种个人与集体的相对性。这就跳出了传统的对于“全体成员或大多数”字面意义的解析来判断“公共”的怪圈，为分析公共利益提供了一个全新的视角。

在分析了“公共”之后，要理解和澄清公共利益的概念，还需要对什么是利益进一步分析。人们利益的实现必然涉及价值问题，因此，从价值判断的角度入手，对于廓清公共利益的概念大有裨益。价值，一方面是指值得人们向往和追求的善。在这个意义上，价值更多地表现为一种目标选择和价值取向，这是哲学或伦理学上对价值的理解。另一方面，价值是在主客体关系中表现出来的客体之于主体的意义和效用，或者可以被理解为对主体有意义或有效用的一切客体。价值也指客体对于主体的有用性，即“物的有用性使物成为使用价值”，价值是“抽象的人类劳动的凝结”，这是经济学界对价值的理解。由于人类活动（劳动）具有公私之分，因此在价值表现上也有人们价值选择和价值效用的公私之别，即表现为公共价值和私人价值。公共价值的第一种含义主要是指人们在从事社会活动时所遵从的公共目标取向和公共价值判断。人类活动具有明显的目的性，这种目的性表现在人们在行动之前就会对其行动的结果（目标）进行设定。在目标设定中，人们就会依情景条件进行价值判断——公共的还是私人的，公益的还是私益的，“利他”的还是“利己”的。如政策科学的创立者亚伯拉罕·卡普兰（A. Kaplan）认为：公共政策是“一种含有目标、价值与策略的大型计划”。这个定义既包含了公共政策的工具理性（策略），又注意到了公共政策的价值理性（目标和价值）。公共价值的第二种含义主要是指一种行为结果或一类事务对社会全体成员或大部分成员的有用性。私人价值则是社会中少数人或个人选择的价值取向或持有的价值观念，或者说有关事务对少数人或个人具有某种效用或利益。通过对公共价值的分析，可以将公共利益表述为：社会全体成员或大部分成员共同选择的价值取向或共同持有的价值观念，或者说有关事务（客体）对于社会全体成员或大部分成员（主体）具有的实际效用或利益。周义程也认为：公共利益是为符合社会全体或大多数成员需要，体现为他们的共同意志，让他们共同受益的那类利益，并进一步阐释了公共利益的特征：第一，公共利益的开放性或非排他性。公共利益不能排除单个人的享有机会，而应体现为社会共享性，因而既不是封闭的也不会专为某个人保留。第二，公共利益的层次性。公共利益不是绝对的利益，而是比较性的相对利益。按照高低层次，公共利益可分为国际性或全球性公共利益、全国性公共利益、地方性公共利益和基层性（街道、社区、村）公共利益四大类。公共利益的层次性表明公共利益的种类繁杂、范围迥异，时常存在内在冲突。如何有效处理冲突，确定相应的优先次序，是一个异常复杂的问题，需要综合考虑公共利益的性质、受益范围的大小以及迫切程度等诸多方面。

柏良泽也指出公共利益直接体现社会价值导向和价值判断，理论的、理想的、意愿的、假象的、虚幻的、政治主张的、意识形态的、政治交易的、经济利益的、正义的、阴谋的，统统可以假公共利益之名，导致公共财政和社会政策的紧缩或扩张。公共支出范围的不同、社会政策的差异以及社会保障类型的区分，取决于多种因素，但并不能因为有差别而评判政府是否代表公共利益。

除了两种具有典型特征的定义外，还有其他的有关公共服务的界定。国家是公共服务型国家,所以其所作所为都是提供公共服务。关于国家,有很多定义。在每一个社会中,都存在着社会整体的权力,它是垄断的和最有权威的,并以强制性力量为依托。在现代社会中,这种社会整体的权力,是由决策或立法、审判或司法,以及行政执行机构构成的权力体系。这里所谓的国家,即是指这一社会整体的权力体系。当国家是由全体社会成员共同所有的时候,国家具有公共性质,国家存在的目的和职能,就是为全体公民的利益和需求服务。在这个意义上,由国家的公共性质所决定,国家体系中的所有机构,如立法机构、行政机构和司法机构等都是提供公共服务的机构,在这些机构中任职的人们的工作都是在提供公共服务。在中国,这意味着在人大、法院、国务院以及各地方政府等国家机构中的工作人员都是在从事公共服务,上述机构也都是或者都应是公共服务机构。第二,政府是公共服务型政府,所以其所作所为都是提供公共服务。所谓的政府,是指国家的执行机构。虽然有人将国家称作广义的政府,但从逻辑关系和实际运用的角度看,将国家的行政机构或者国家意志的执行机构视为政府将更明确和易于理解。国家是一种社会权力体系,而政府则是一种组织机构;国家确定权力运作的方向和重大决策,政府则负责实施贯彻。政府是国家体系中的一个组成部分,国家的性质决定着政府的性质。当国家权力体系具有公共性质的时候,作为国家主要执行机构的政府应该成为公共服务型政府,贯彻国家意志,执行公共职能,提供公共服务。在这个意义上,各种形式的政府部门和机构都是公共服务机构,政府的各项职能都具有公共服务的性质,政府的工作人员也都是在从事公共服务。第三,公共服务是政府的主要职能之一,有其具体的内容和形式,并且可与政府的其他职能相区分。在这个意义上,即使在公共服务型国家和公共服务型政府的条件下,国家公职人员和政府工作人员所从事的并不都是公共服务,他们中只有部分人才从事公共服务活动。近年来,在政府职能转变的改革中,通常提到"中国政府的职能应转变到经济调控、市场监管、社会管理和公共服务"。

(三)狄骥的公共服务理论

两个视角界定的公共服务均有其局限性。以公共物品理论为基础的规定局限了公共服务的作用,而且也脱离了公共服务的本质内涵。公共服务通常提供的是非私人物品,但不排除在特定场合提供私人物品,如救助艾滋病孤儿、救助弱势群体时提供的都可以是私人物品。因此,物品属性不能成为判定公共服务规定性的依据,尤其是福利物品的概念,是传统的公共物品理论无法解释的,因为其涉及价值判断。从本质上讲,政府提供公共服务应以维护公共利益为目的,对公共利益的判断应成为判定公共服务的内在依据。但是,如前所述,公共利益却是一个抽象的概念,其本质是公共价值的体现。因此,单纯地从公共物品理论和公共利益角度出发来界定公共服务都存在缺陷。

据李军鹏教授考证,最早的"公共服务"概念,是由法国公法学派代表莱昂·狄骥于1912年提出的。狄骥(Leon Duguit,1859—1928)是法国近代著名的法学家,是社会连带主义法学的创始人和公法理论中"波尔多学派"的主要代表人物,自1886年起长期担任波尔多大学法学院教授和法学院院长。狄骥的法学思想主要渊源于孔德的实证主义哲学和他首创的社会学以及涂尔干的社会连带学说。他的主要著作有《宪法学教程》《宪法论》《〈拿破仑法典〉以来私法的变迁》《公法的变迁》等。《公法的变迁》是一部研究和论述法国行政法现代化历程的重要著作。在该书中，狄骥提出了著名的“公共服务”理论，在公法理论中产生了广泛的影响。

狄骥提出“公共服务”的思想，是基于“主权理论衰落”的这一基本认识，在《公法的变迁》一书中指出：“以前曾经作为我们政治制度之基础的那些观念正在逐渐解体。到目前为止仍然左右着我们这个社会的那些法律制度正在发生巨大的变化。即将取代它们的新制度建立在截然不同的观念之上。”

主权理论的逻辑是天赋人权，因而产生了个人主权，人人均享有一种不可转让的、不容侵犯的自然权利。个人主权通过社会契约形成“公意”而产生国家，并赋予国家以“主权”。在这一构架中，个人主权与国家主权相对峙，由此导致宪法产生。宪法“一方面涉及国家的组织，另一方面又调整国家与其成员之间的关系”。这样，法律体系中就包含了两个不平等主体，一个是发布命令、具有法律拟制人格的政府，另一个则是服从命令的公民。显而易见的是，这样一套宪法体系从根本上讲是一种主观性的制度，它的真正基础是国家作为一个法人而享有的发布命令的主观权利。之所以要建立国家，就是为了有效地保障个人的权利。

而狄骥一开始就推翻了这一逻辑的起点，他认为，社会契约论假定自然人是孤立的个体，既然如此就不可能享有任何的权利，人不可能将其一出生就享有的天赋人权带入社会，更何况权利的概念是以社会生活的概念为基础的。在此基础上，他又推翻了国家主权，并认为没有公民的天赋人权，又如何通过契约来让渡自己的部分权利来形成所谓的“公意”，没有“公意”，又何来国家主权。他指出：“这（国家主权理论——著者加）是一套主观主义的体系，与国家主观权利相对峙的是个人的主观权利，在个人的主观权利之上，建立起了对主权的限制以及为国家设定义务。这是一套抽象的体系，因为它所赖以为基的主观权利概念显然是一种形而上学的概念。而且，这还是一种帝制主义或王权主义的制度，它暗示统治者可以独揽组织为一个国家的民族所享有的‘治权’，其具体表现就是控制发布命令的权利。”

实际上，在大革命时代人们深信不疑的主权理论体系在19世纪日趋瓦解。人们意识到，国家主权与天赋人权只是单纯的抽象概念，不能作为法律制度的科学根据。君权神授、国民委托都不能作为国家主权权利的很好解释，因为“国民意志仅仅是一种虚构，实际存在的只是某些个人的意志；所谓国民的意志，即使是完全一致的，也只是个人意志的加总，也就是说，任何一个个人都没有权利将自己的意志强加给反对者”。个人也不能仅仅因为自己是一种社会存在而自然地获得某种天赋权利，如果个人享有某些权利，也只是来源于其所生存的社会，个人不能根据这种权利而强迫社会接受其意志。同时，国家的职责也不局限于战争、治安与司法，随着经济的迅猛发展，科学的新发现和个人的进步，以及人类关系的复杂化和社会生活中相互依赖性的增强，邮政系统、铁路交通以及照明系统和整个工业体系的有序运行都有赖于国家的组织。此时，“公共服务的概念正在取代主权的概念。国家不再是一种发布命令的主权权力。它是由一群个人组成的机构，这些个人必须使用他们所拥有的力量来服务于公众需要。公共服务的概念是现代国家的基础。”“公法的基础不再是命令，而是组织。”从这一意义上说，公法的传统划分趋于消失。行政行为是根据服务规则而为的行为，这些行为所涉及问题永远必须受到一些法院的审查。国家责任是基于公共负担平等理念上的责任，即用一种以公共资金为后盾的公共保险，以对抗公共服务中所含的风险。社会的各个阶级之所以前后接替丧失了政治权力，是因为他们不再提供作为其存在条件的社会服务。

基于对公法变迁的分析，狄骥依据其所倡导的“社会连带性”思想，指出：“公共服务就是政府有义务实施的行为”，即“任何因其与社会团结的实现和促进不可分割、而必须由政府来加以规范和控制的活动，就是一项公共服务，只要它具有除非通过政府干预，否则便不能得到保障的特征”。政府是公共服务供给的主体，也是政府的主要功能，但某些公共服务出现了分散化趋势，与此相平行的，政府活动的产业化趋势也在不断拓展。公民个人能够运用法律手段来使公共服务得以正常运转，即使这项服务是由私人进行指挥管理的，对于各行政管理机构直接对公共服务进行开发的情况，也适用同样的规则。

当然，对于狄骥的公共服务理论，也有学者提出了质疑：第一，应如何理解“公共”这一概念？何为“公共”？何为“公共服务”？狄骥对此并没有做出详细的说明。“公共”是理解为“少数服从多数”的多数法则，还是理解为全体人民？国家行为的日益扩展的现实决定了国家的行为不可能全部都是为着公共利益进行的。如果不对这一概念做出界定，就很有可能导致国家权力的滥用，而损害部分人的利益。现实已经说明了这一点。第二，公共服务论只是对国家本质的静态的描述。国家的发展过程是一个静态与动态相互交替、相互结合的过程。而狄骥的理论只是对一个政权稳定时期内的国家建构与运行的描述。第三，主权理论真的破产了吗？当今世界的大多数国家都把主权理论作为其政权的理论基础。不论是资本主义国家，还是社会主义国家，都在宪法中确认了人民主权原则。日本宪法规定：主权属于全国国民。美国宪法虽然没有明确宣布人民主权原则，但是从《独立宣言》和美国宪法所确立的政府体制来看，美国仍然是人民主权原则。我国现行宪法更是明确规定：中华人民共和国的一切权力属于人民。虽然狄骥的“公共服务理论”本身有许多值得质疑的地方，但是他所提倡的“公共服务”观念仍然为我们分析现实问题提供了有力的理论视角。

二、公共服务及其特征

基于对公共物品论和公共利益论视角下的公共服务概念的评析，以及对“公共服务”概念的最早提出者狄骥有关研究的分析，笔者认为：公共服务是政府基于公共利益的考量，为了促进公共目标的实现和公共价值的达成，通过动用公共权力或公共资源来提供各种所需

的物品(有形物品和无形物品)的活动。公共服务具有如下几个方面的属性:

第一,公共服务是有别于公共产品的,它以公共利益为基本的判定标准。公共服务并不受物品属性的限制,当为了公共利益的需要时,任何物品都可以作为公共服务提供的内容。公共利益虽然是一个抽象的概念,但是任何国家和社会在发展过程中,会通过成文或非成文的方式,对公共价值形成一个基本的判断,这就为判定何谓公共服务提供了客观的标准。当然,随着社会的发展、文化的变迁和融合,公共价值标准也会不断调整,但基于公共价值判断基础上的公共利益,应成为公共服务供给的重要判断尺度。

第二,公共服务是一个动态的过程,是生产和消费(使用)合二为一的过程。由于服务本身是一个动态的过程,而且服务的生产过程往往与服务的消费过程(或使用过程)在同一时间发生,需要生产者和消费者(或使用者)共同配合,因此,生产和消费(或使用)是合二为一的过程。同时,公共服务的这一特性,使得对于公共服务难以从物质形态上进行度量,也很难提高生产效率。

第三,公共服务是使用了公共权力或公共资源的社会生产过程。公民及其组织的各种直接需求,需要通过各种形式的社会生产过程予以满足,在这些社会生产过程中,通过资源的配置和组合实现产出。而一个社会的总服务供给是由民间服务和公共服务两部分构成的,公共服务只是社会总服务中与民间服务相对的一个部分。如果一个社会生产过程没有使用公共权力或公共资源,那么就是纯粹民间行为,属于民间服务而不是公共服务。政府体现和行使的是公共权力,公共资源则是由国家所有的各种资源和资金,如果一个社会生产过程中有政府以某种方式的介入,如财政资金、产权或特许等,并在某种程度上贯彻着国家意志,那么就属于公共服务。譬如,不仅政府和公立机构提供的教育是公共服务,民间教育机构如果有政府特许或者使用了公共资源,那么也是在提供公共服务。

第四,公共服务的主体是政府。政府是公共服务主要主体,对公共服务负有最终责任。政府可以直接提供公共服务:也可以委托、授权其他组织生产公共服务,因为无论从公共管理理论还是现代社会的实践上看,政府自身是难以满足公民的各项服务要求的,但这并不改变政府在公共服务中所处的地位。

第五,公共服务满足的是公民及其组织的基本的直接需求。在一个社会中,公民及其组织对服务的需求可以是无限的,但却并不能要求由公共服务去满足所有的需求。公共服务只须保障公民及其组织基本的、直接需求的满足,而其他部分的需求则由民间服务供给机制去决定。譬如,公共服务应该向每一个公民及其被监护人提供基础教育的供给和基本社会保障的供给,在此之外的教育和社会保障可以由民间服务供给机制决定。也就是说,保障社会弱势群体或者穷人的基本生存和发展权利是公共服务的目标,富人则可以通过民间供给机制去满足其更多的或更高的需求。在一个社会中,公民及其组织的基本的直接需求、公共服务水平和优先事项安排是由该社会的发展水平、文化传统、价值取向、社会经济体制以及发展战略等多方面的因素决定的。

第六,公共服务的层次性与变化性。在知识经济初见端倪并迅速发展的时代大背景下,物质生活日渐丰富,人们需求的精神文化趋向日益明显,从而推动了心理需求的层次升级,即生理需求、安全保障、社交情感、自尊名誉、理想抱负,而且,需求层次越高,精神文化的需求就越高,精神文化氛围的内涵要求越高。从集体角度看,人类对公共服务的需求同样具有层次性,对各类公共服务需求的紧迫性并非完全一样。随着经济社会的发展,公民对公共服务的需求层次将不断提升,从保障最基本的生存、发展权利向追求更高质量和更高层次的公共服务转变。另外,公民对公共服务的需求层次差异也表现为公民对公共服务的消费具有层次性。从纵向上来说,公民对公共服务的需求层次性主要体现在:第一,全国性公共服务,如基础教育、跨地区的公共设施等;第二,地方性公共服务,如地方性基础设施、城市垃圾处理、街道照明、警察保安等;第三,社区性公共服务,如社区绿化与环境、农村社区治安、农村的灌溉设施等。从横向上来说,同一层次的公共服务不是单一的,而是多样化的,并且各类公共服务的消费水平是不一样的。这就意味着,随着公民经济收入的不断增加,公民对公共服务需求层次的不断提升,政府公共服务的重点和方向也必须加以明确。

如上虽然对公共服务的概念进行了解析,但是过于抽象,基于我国发展实际的公共服务外延界定也许可以弥补这一缺憾。2004 年 2 月,温家宝总理在中央党校省部级主要领导干部研究班结业式的讲话中明确提出:“公共服务,就是提供公共产品和服务,包括加强城乡公共设施建设,发展社会就业、社会保障服务和教育、科技、文化、卫生、体育等公共事业,发布信息等,为公众生活和参与经济、政治、文化等活动提供保障和创造条件。”这是目前我国对政府公共服务的基本概括。显然,凡属于政府的管制性行为,维护市场秩序和社会秩序的监督行为,以及影响宏观经济和社会整体的操作性行为,都不属于公共服务。按照上文界定,我国公共服务的范围可以包含公共安全、公共教育、医疗卫生、社会保障、基础设施、公共交通、环境保护、公共信息、文体休闲、科学技术 10 个方面。

三、公共服务的分类

按照科学研究及理论发展的一般规律,理论化可以包括这样几个层级:简单的分类、构建类型学、概念化、形成概念框架、模型化。当然,不同的研究设计的著作在这一问题上有所分歧。不过,有一点几乎是没有争议的,那就是,理论化的第一步是分类,对公共服务的理论研究也不例外。换句话说,在系统研究公共服务理论时,首先要根据公共服务的共同点和差异点,采用一定的标准和方法,依据一定的原则,对公共服务进行全面系统的划分与归类,即公共服务分类。公共服务分类对于进一步研究分析服务的供给机制与优先序具有重要的意义,尤其是在公共资源有限的情况下,需要综合考虑不同类型公共服务的性质、受益范围的大小以及迫切程度等来确定供给次序。此外,不同国家、同一国家的不同发展阶段,公共服务的具体范畴以及分类也存在差异，需要基于各国发展实际进行公共服务内涵和外延的分析，进而进行公共产品分类。找到合理的标准，将上述公共服务的内容进行分类归总，对公共服务的部门设置、有效提供、制度安排以及绩效评价等起到指导作用，并有利于促进"建立健全公平公正、惠及全民、水平适度、可持续发展的公共服务体系，推进基本公共服务均等化"政策目标的实现。

现在主要的公共服务的分类标准有如下几种：

第一，按照公共支出的领域，可将其分为维护性公共服务、经济性公共服务、社会性公共服务三类。所谓维护性公共服务，又称为"主权性公共服务"，是保证国家机器的存在和运作的公共服务，如政府的一般行政管理、法律与司法、国防等。经济性公共服务是指政府为促进经济和产业发展而直接进行各种经济投资的公共服务，通常是生产性的，比如政府对公共项目和国有企业的股本投资、对产业活动提供的项目资金支持和价格补贴、应用性研究资金投入及服务、政府对固定资产的投资等。社会性公共服务是政府通过财政转移支付和财政支持对各项社会发展项目所提供的公共服务，比如教育、社会保障、公共医疗卫生、科技补贴、环境保护等。三类不同的公共服务具有不同的特性，维护性公共服务的需求层次较低，是政府公共服务的基石，也是国家基本职能的体现，是缺乏弹性的"必需品"。这类公共服务一般由公共部门供给，履职人员都是国家公职人员，服务成本一般来自于税收；而经济性公共服务有一个发展的过程，在不同的执政理念和经济社会发展阶段下，经济型公共服务也会体现出不同的特点；社会性公共服务具有较强的再分配属性，以促进社会公平和社会和谐为主要目标。在一国不同的发展阶段，政府用于经济性支出和社会性支出的比重是存在差异的。美国经济学家马斯格雷夫（Musgrave，R. A.）和罗斯托（Rostow，W. W.）两人的经济发展阶段论解释了不同阶段财政支出增长的原因。他们将一国经济发展分为三个阶段，每个阶段的财政支出呈现不同的特征：(1)在经济发展的早期阶段，政府投资在社会总投资中占有较高比重，公共部门为经济发展提供基础设施，这些投资对于处在经济与社会发展早期阶段的国家进入"起飞"，以至于进入发展的中期阶段是必不可少的。这一阶段财政支出的特征：财政支出中用于公共投资部分比重很大，增长的速度也很快；人们的生活水平不高，主要满足人们的基本需要，如吃、穿等，因而对政府的公共性消费支出需求不大；这一时期主要考虑经济的发展速度，因而转移性支出不大。(2)在经济发展中期阶段，政府投资还应继续进行，但这时政府投资只是补充私人投资，开始将注意力转移到收入分配问题上。财政支出特征：此时私人资本积累开始上升，公共积累支出的增长率就会下降，从而公共投资支出在GDP的比重下降；政府用于教育、卫生和安全等方面的消费性支出增加，在整个财政支出中的比重相应上升；用于解决收入分配问题的转移性支出开始增加。(3)在经济发展的成熟阶段，政府支出从基础设施投资支出转移到不断增长的教育、保健与福利等支出，政府转移性支出明显上升并超过购买性支出，也会快于GDP的增长速度。这一阶段的特征：政府公共性投资支出又呈增长势头，表现为一种对私人消费品的补偿性公共投资，但从总体上而言，公共性投资占 GDP 的比重是呈不断下降趋势的；公共消费支出占社会总消费支出的比重上升；用于解决社会公平的转移性支出大幅度增加。

第二，按联合国“政府职能分类（COFOG）”体系，可以将公共服务划分为四大类：(1)普遍公共服务与公共安全，包括国防、公共秩序和安全等。(2)社会服务，包括教育事务和服务，健康事务和服务，社会保障和福利，住房，供水，文化等。(3)经济服务，包括燃油和电力，农林渔业，交通运输与通信等。(4)未按大类划分的支出，比如政府的财政转移支付等。

第三，按公共服务的性质分为三类：(1)基本公共服务。所谓基本公共服务是指建立在一定社会共识基础上，根据一国经济社会发展阶段和总体水平，为维持本国经济社会的稳定、基本的社会正义和凝聚力，保护个人最基本的生存权和发展权，为实现人的全面发展所需要的基本社会条件。基本公共服务包括三个基本点，一是保障人类的基本生存权（或生存的基本需要），为了实现这个目标，需要政府及社会为每个人都提供基本就业保障、基本养老保障、基本生活保障等；二是满足基本尊严（或体面）和基本能力的需要，需要政府及社会为每个人都提供基本的教育和文化服务；三是满足基本健康的需要，需要政府及社会为每个人提供基本的健康保障。随着经济的发展和人民生活的水平的提高，一个社会基本公共服务的范围会逐步扩展，水平也会逐步提高。中国政府提出了基本公共服务均等化的目标，但在操作层面必须明确界定基本公共服务的内容。从中国的现实看，可以运用基础性、广泛性、迫切性和可行性四个标准来界定。所谓基础性，是指那些对人类发展有着重要影响的公共服务，它们的缺失将严重影响人类发展。所谓广泛性，是指那些影响到全社会每一个家庭和个人的公共服务供给。所谓迫切性，是指事关广大社会最直接、最现实、最迫切利益的公共服务。所谓可行性，是指公共服务的提供要与一定的经济发展水平和公共财政能力相适应。从上述标准判断，义务教育、公共卫生和基本医疗、基本社会保障、公共就业服务，是广大城乡居民最关心、最迫切的公共服务，是建立社会安全网、保障全体社会成员基本生存权和发展权必须提供的公共服务，成为现阶段我国基本公共服务的主要内容。(2)混合公共服务。比如下水道系统、电话电讯系统、电视广播系统、邮政服务系统等公共事业服务。(3)政府管理私人部门所产生的管制性公共服务。如政府要求企业生产的产品符合统一的质量标准、卫生标准、技术标准、安全标准等。

第四，按公共服务所涉及的人类社会生活的领域，可以划分为如下几类：(1)公共工程建设，如垃圾收集与处理、墓地的维护和管理、供水、排污系统的设置与管理、淤泥的处理、危险材料的处理等。(2)公共交通服务，比如道路维修、道路/停车场清洁、清除积雪、交通信号设置与维修、停车计数器维修与费用收集、行道树种植、公共交通系统的停车点和维修站的经营、公共交通系统的运营和维持、辅助客运系统的经营与维持、机场的经营等。(3)公共安全服务，比如警察（包括预防犯罪、巡逻）、消防、医疗急救服务、强制交通管制、拖车和存车服务等。(4)人类健康和社会服务,比如公共卫生检查、动物控制、动物避难所的经营、托儿所的经营、儿童福利计划、老年人计划、医院的经营与管理、公共健康计划、药品和酒精治疗计划、精神病院和救助站的运营等。(5)文化和休闲服务,比如休闲设施的运营、公园的建设和维护、会议中心和大礼堂的运营、文化和艺术计划的操作、图书馆的运营、博物馆的运营等。(6)支持服务,指一些缺乏高度可见性的,直接向市民提供的服务,比如法律服务、建筑和地面维护、建筑安全、交通工具的维护、征税、人员服务、公共关系、公共信息等。(7)公共设施,包括电力、煤气设施的经营与管理、维护、建设等。

此外,还有的根据资本和劳动力的投入比例,将公共服务划分为劳动密集型和资本密集型两大类。其中,劳动密集型公共服务是指劳动量占据总成本 80%或者以上的公共服务,这是地方政府提供的主要服务类型,比如警察、消防等;资本密集型公共服务是指资本量占据总成本 80%或者以上的公共服务。

北京等地区结合本地实际,对社会公共服务分类进行了探索。根据公益性和经营性程度的不同,将其分为基本社会公共服务和非基本社会公共服务两大类。后者又分为准基本社会公共服务和经营性社会公共服务。政府是基本社会公共服务的提供者,是非基本社会公共服务的倡导者,同时是整个社会公共服务的规划者和管理者。在现阶段,基本社会公共服务主要包括义务教育、公共卫生、公共文化体育、社会福利和社会救助、公共安全保障等领域,是政府依照法律法规,为保障社会全体成员基本社会权利、基础性的福利水平,必须向全体居民均等提供的社会公共服务。

综观上述公共服务分类,反映出现行公共服务分类仍存在一些突出问题:(1)分类标准不够统一。现行公共服务分类标准各异,缺乏统一体系,虽然公共服务内容总体上大致相同,但在对不同类型的公共服务进行界定时,分歧比较大。由于标准不一,分类结果往往难以真实反映公共服务的实际发展状况,使公共服务在决定自己的类别归属中无所适从,也不利于纵向及横向上的比较。(2)分类不够系统全面。目前的各种分类不能适应我国公共服务发展的实际情况,很多反映政府公共服务职能的类型没有在分类中反映出来,大多只是针对一般性的公共服务进行简单的分类。事实上,随着公共服务职能的不断强化,传统意义上的公共服务出现了很大的变化,这些都还没有在现有的分类框架中得到表现。北京市对社会性公共服务的分类为服务供给提供了基础,但却未能涵盖全部的公共服务类型。(3)分类应用价值有限。现行大多数公共服务分类都采取了“静态”的分析方法,对公共服务只进行了范畴学意义上的简单划分,而没有考虑到公共服务的发展与社会经济发展不同阶段的水平和不同国家或地区具体情况相适应的特点,缺乏弹性,因此,无法帮助处于快速变化现实环境中的决策者制定适合本地区实际情况的公共服务政策,应用性和可操作性不强。

我国学者王海龙基于对已有公共服务分类的总结和评价,提出按照一定社会经济发展阶段下“公民对公共服务的基本需求”“政府提供公共服务的最小范围”的标准,将公共服务分为保障性公共服务和发展性公共服务:(1)保障性公共服务。所谓保障性公共服务,是指一定时空条件和社会经济发展阶段下,建立在一定社会共识基础上,政府使用公共权力和公共资源满足全社会公众或某一类群体共同的、直接的:基本的、关系到公民人权的社会生产过程。保障性公共服务在于保障公島基本的人权,即生存权和发展权,是一定社会经济发展阶段下,公民应该享有公共服务的"最小范围"的边界,或者有学者所称之的"最低纲领"。保障性公共服务的范围比较广,根据公民的需求层次、经济社会发展的水平高低和政府建设的能力大小而定,但基本上都包括公共教育、公共卫生、公共文化、公共交通、公共信息、公用设施等内容。这些公共服务的提供,是政府调控城乡之间、地区之间、社会成员之间收入差距、促进社会公平正义、保障社会安定有序的制度性手段和机制。(2)发展性公共服务。所谓发展性公共服务是指一定时空条件和社会经济发展阶段下,建立在一定社会共识基础上,政府使用公共权力和公共资源满足全社会公众或某一类群体共同的、直接的、更高层次和更高质量的、关系到公民人权的社会生产过程。发展性公共服务相对于保障性公共服务,是排除一定社会经济发展阶段下公民应该享有公共服务的最小范围以外的公共服务。发展性公共服务具有以下基本特征:一是对此类公共服务的消费所带来的社会公益性不如保障性公共服务那么明显,即使提供的数量较少、质量较差,也不会对全社会的发展产生严重的根本性危害;二是发展公共服务的需求人数没有保障性公共服务的人数多,或者没有保障性公共服务需求对象普及,往往是社会的部分人群而非全体对此类服务具有迫切的需求;三是需要政府作用的直接程度不同于保障性公共服务,在一定的社会经济发展阶段,政府无须耗费大量的人力、物力等公共资源或公共权力用于发展此类公共服务。在公共财政有限的情况下,既可以暂缓服务提供的步伐,也可以依靠市场、第三部门等协助此类公共服务的提供,或者根据区域经济社会发展情况,由各级政府共同承担责任。

第二节　公共服务供给机制

公共服务具有的满足公共利益的作用,要通过公共服务供给与需求的匹配来实现。如何通过有效的供给机制,向社会、国民提供高质量的公共服务,是世界各国高度关注的问题。适应公共服务本身属性的变化、政府与市场关系的调整、公民社会的发育等,公共服务的供给机制也呈现出多样化的特征。

一、公共服务多元供给体制的理论基础

公共服务是政府动用公共权力和公共资源,满足公共利益的一系列行为的综合。政府是公共服务主要主体,对公共服务负有最终责任。政府在公共服务供给中扮演着重要的角色:一是决策者,确定需要对提供什么服务、提供多少服务、如何提供服务,根据社会成员意

愿做出决策，如制定公共服务规划、立法、选择服务主体和方式；二是组织安排者，政府需要对各种服务提供做出安排，如选择提供主体、筹措预算资金等；三是直接提供者，政府需要确定哪些服务项目需要自己承担并生产后，向公众提供，比如公共安全等；四是监督者，政府需要对各种主体提供的服务进行监督和管理，对违反服务规则、损害公众利益的行为进行处罚。政府代表国家承担公共服务供给的最终责任，并不意味着政府要包办所有的公共服务。政府可以直接提供公共服务，也可以委托、授权其他组织提供公共服务，因为无论从公共管理理论还是现代社会的实践上看，政府自身是难以满足公民的各项服务要求的。

对于公共服务供给和生产安排具有重要指导作用的相关理论包括：市场失灵论、政府失灵论、治理理论、多中心理论等。

（一）市场失灵论

市场失灵理论认为：完全竞争的市场结构是资源配置的最佳方式，但其假设前提过于苛刻，现实中是不可能全部满足的。而由于垄断、外部性、信息不完全等原因，使得仅仅依靠价格机制来配置资源无法实现帕累托最优，出现了市场失灵。

第一，有些公共服务具有非竞争性和非排他性的特征，导致市场机制决定的公共服务供给量远远小于帕累托最优状态。学术界对于具有非竞争性和非排他性特征的公共物品供给问题的研究先后出现庇古均衡、林达尔均衡、萨缪尔森均衡和马斯格雷夫均衡等四种主要的均衡模型，最终可以得出如下结论：在一般情况下，只要经济体系中存在着私人物品和公共物品，则纯公共物品的最佳资源配置条件是其边际替代率之和等于边际转换率。对于具有非竞争性和非排他性特征的公共服务而言，要实现其有效供给，也应该满足这样的条件，也就是说，只有所有社会成员从公共服务中得到的收益等于生产公共服务花费的客观机会成本，这样的公共服务供给才是有效率的。对于一个社会而言，假定边际转换率是固定的，要满足这一条件，就必须了解人们为了得到公共服务而愿意放弃的私人服务的量，才能据此决定生产和供给多少规模的公共服务，以实现资源的最佳配置。这就隐含着一个条件，就是个人偏好能够完全显示。在现实中，却存在着个人偏好显示机制失灵的问题，影响公共服务的有效供给。

第二，外部性的存在导致公共服务市场供给的失效。人们的经济活动既有积极的外在性（即使其他人受益），又有消极的外在性（即使他人受损，如环境污染等），而市场本身不具有自发机制迫使经济活动参与者考虑这种额外收益或损失。对于公共服务而言，厂商为生产某种公共服务直接投入的是私人成本，但却使别人收益，出现了私人成本和社会成本不一致的情况，导致公共服务的供给不足，此时，市场失灵就出现了。

第三，关于理性人假设的认识。不管什么样的经济模式，人都是主体和中心因素。西方经济学家在理论分析中一般把市场经济活动的主体视为“理性人”或“经济人”。这种理性人都充分理智，既不会感情用事，也不轻信盲从，而且精于判断和计算，其行为符合始终如一的偏好原则，其所采取的经济行为都是力图以自己的最小经济代价去获得自己的最大经济利益。在完全竞争的市场经济条件下，要实现利润最大化是以完全理性为条件的，由于具有完全理性，经济人才能够找到实现目标的所有备选方案，预见这些方案的实施后果，并依据某种价值标准在这些方案中做出最优抉择。但在西蒙看来，这种理性的定义是有缺陷的。他指出，人不可能知道全部的备选方案，外部环境是不确定的、复杂的，信息是不完全的，人的认识能力和计算能力是有限的，经济行为者不可能把所有的价值考虑统一到单一的综合性效用函数中，因而，人是有限理性的。由于人的理性是有限的，了解所有备选方案及其实施后果，对不确定的未来估计出一致的现实概率，实际上是办不到的。因此，决策过程中人们遵循的并不是最优原则，而是满意原则，从而在一定程度上降低了市场的效率。

"市场失灵"理论在很大程度上揭示了市场经济条件下，市场并不是万能的，在某些方面市场可能是无效率的，这就为政府介入提供了理由。

（二）政府失灵论

市场失灵为政府介入公共服务提供了理论上的支撑。但是，政府替代市场是否就一定能够实现公共服务的有效供给？二者是否是替代关系？

政府的行为动机决定了行为目标，行为目标及所处的环境决定了其行为方式。要分析政府行为，就必须建立相应的行为假设，对处于特定政策环境下的政府的行为动机和目标进行解释。传统的观点认为政府是"公益人"，以公共利益的实现为根本目标，持这种观点的学者基于主权在民的思想，认为政府的权力来自于人民的让渡。洛克(John Locke)在《政府论》一书中指出，在人类进入政治社会之前，存在着一种"自然状态"(natural state)。在这种状态下，人们虽然过着自由、理想的生活，但是由于缺乏有权威的公共裁判者，当发生争端或它的成员受到伤害时，就有无法进行申诉和解决争端等种种"不方便"之处。为了避免并挽救自然状态的种种不方便，人们通过订立社会契约(social contracts)，让渡出一部分天赋的基本权利，共同形成政府的公共权力。但是，人的自由、平等和财产权仍然得以保留。政府作为行使公共权力的公共机构，其基本职能是：为了规定和保护财产而制定法律的权力，判处死刑和一切较轻处分的权力，以及使用共同体的力量来执行这些法律和保卫国家不受外来分割的权力；而一切都只是为了公众的福利。可见，"为了公众的福利"成为政府合法性的基础。

而20世纪七八十年代开始，以詹姆斯. M. 布坎南等为代表的西方公共选择学派利用经济学的方法来解释政治行为，提出了"政府失灵"理论。公共选择学派将政治过程看作是一种交易，而且交易双方都是利己的，其行为的首要和最高目标都是追求利益最大化，并在此基础上建立了成本—收益的分析框架，包括政府在内的任何组织、个人的行为选择必须满足收益大于成本的条件。布坎南认为，从交易的角度看，经济与政治无甚不同，政治实质上也是一种市场形式，没有理由认为公民在写票室中的行为与消费者在超级市场上的行为有什么异样。而且政治活动主体，包括选民和政党，都是在为自己服务的前提下服务社会，不存在超级道德的主体。他指出：个人的行为天生要使效用最大化，一直到他们受到抑制为止。实际上，公共选择学派的方法论基础是个人主义，认为政府不是一个抽象的符号，而是由一个个具体的官员组成的，从人性角度看，作为政府官员的个人与作为从事经济行为的个人是没有差别的，我们不能要求作为政府官员的具有更高尚的道德情操。由于政府本身的局限性，导致政府失灵，即政府的活动或干预措施缺乏效率，或者说政府做出了降低经济效率的决策或不能实施改善经济效率的决策。

在探讨市场失灵时，指出由于个人偏好显示机制失灵，导致依靠市场供给公共服务可能存在无效的情况。如果通过政府介入，来解决公共服务供给的问题，有一个隐含前提，即政府需要通过有效的机制来了解全体公民的意愿，也就是个人愿意放弃多少单位的私人服务来获取公共服务，这就必须解决两个基本问题：一是提供采集公民意愿的机制，二是促进公民如何表达自己的意愿。正如缪勒所说：假若国家作为一种类似于市场的制度而存在是为了提供公共物品和减少外部性的话，它就必须完成现实公民对公共物品之偏好的工作，就如同市场显示出消费者对私人物品之偏好一样。但是，现实是灰色的，政府也不比市场更有办法来获得个人真实的偏好和意愿。人类迄今为止所尝试过的所有的采集公民意愿的机制，包括直接民主制、间接民主制和独裁制，都无法帮助政府了解社会成员对公共服务的真实偏好。因此，尽管市场失灵为政府介入公共服务供给提供了理由，但政府的供给并不一定是有效率的。

政府失灵论揭示了在市场失效的领域，政府介入并不一定能够提供一种完美的解决方案，比如会出现效率不高、机构臃肿、寻租等行为。为了防止政府失灵所带来的负面影响，斯蒂格利茨认为，政府在宏观控制公共服务的同时，可以通过签订合同、授予经营权等手段，委托私人部门生产和提供，这实际上明确了政府从宏观调控和委托代理两种方式管理公共服务的途径。斯蒂格利茨强调：在各个部门直接或间接引入竞争实体是管制的好办法；公私部门通过引入社会竞争，更分散地提供公共服务，不仅确保了公共服务的有效供给，而且使公共服务数量和种类都符合公众需求。这就为公共服务领域的市场化改革提供了理论支持。

（三）治理理论

1989 年世界银行在概括当时非洲的情形时，首次使用了“治理危机”(crisis in governance)一词，此后“治理”便被广泛地用于经济学、政治学、社会学等多学科的研究中，许多治理理论研究者宣称随着全球化的不断凸显，“治理社会”已经来临。然而，对治理的解释却存在分歧，各种治理理论从来就没有、也很难给治理下一个统一的、普遍适用的确切界定。

“治理”最早源于古典拉丁文和古希腊语中的“掌舵”一词，原意是控制、引导和操纵的行动或方式，主要用于与国家公共事务相关的宪法或法律的执行问题，或指管理利害关系不同的多种特定机构或行业。治理理论的主要创始人之一罗西瑙(J. N. Rosenau)在其代表作

《没有政府统治的治理》和《21 世纪的治理》等文章中将治理定义为一系列活动领域里的管理机制,它们虽未得到正式授权,却能有效发挥作用。他认为,与统治不同,治理是一种由共同的目标支持的活动,这个目标未必出自合法和正式规定的职责,也不一定需要依靠强制力量克服挑战而使别人服从。治理是只有被多数人接受(或者至少被它所影响的那些最有权势的人接受)才会生效的规则体系;然而政府的政策即使受到普遍的反对,仍然能够付诸实施。因此,没有政府的治理是可能的,即我们可以设想这样一种规章机制:尽管它们未被赋予正式的权力,但在其活动领域内也能够有效地发挥功能。

罗茨认为:治理意味着"统治的含义有了变化,意味着一种新的统治过程,意味着有序统治的条件已经不同于以前,或是以新的方法来统治社会"。"治理就是自组织网络的合作,这种自组织网络就是公共、私人和自愿者组织的复杂混合。"接着,他还详细列举了六种关于治理的不同定义。这六种定义是:(1)作为最小国家的管理活动的治理,它指的是国家削减公共开支,以最小的成本取得最大的效益。(2)作为公司管理的治理,它指的是指导、控制和监督企业运行的组织体制。(3)作为新公共管理的治理,它指的是将市场的激励机制和私人部门的管理手段引入政府的公共服务。(4)作为善治的治理,它指的是强调效率、法治、责任的公共服务体系。(5)作为社会一控制体系的治理,它指的是政府与民间、公共部门与私人部门之间的合作与互动。(6)作为自组织网络的治理,它指的是建立在信任与互利基础上的社会协调网络。

库伊曼(J. Kooiman)和范·弗利埃特(M. Van Vliet)指出:"治理的概念是,它所要创造的结构或秩序不能由外部强加;它发挥作用,是要依靠多种进行统治的以及互相发生影响的行为者的互动。"研究治理理论的另一位权威格里·斯托克(Geiry Stoker)对目前流行的各种治理概念做了一番梳理后指出,到目前为止各国学者们对作为一种理论的治理已经提出了五种主要的观点。这五种观点分别是:

1. 治理意味着一系列来自政府但又不限于政府的社会公共机构和行为者。它对传统的国家和政府权威提出挑战,它认为政府并不是国家唯一的权力中心。各种公共的和私人的机构只要其行使的权力得到了公众的认可,就都可能成为在各个不同层面上的权力中心。

2. 治理意味着在为社会和经济问题寻求解决方案的过程中存在着界限和责任方面的模糊性。它表明,在现代社会国家正在把原先由它独自承担的责任转移给公民社会,即各种私人部门和公民自愿性团体,后者正在承担越来越多的原先由国家承担的责任。这样,国家与社会之间、公共部门与私人部门之间的界限和责任便日益变得模糊不清。

3. 治理明确肯定了在涉及集体行为的各个社会公共机构之间存在着权力依赖。进一步说,致力于集体行动的组织必须依靠其他组织;为达到目的,各个组织必须交换资源、谈判共同的目标;交换的结果不仅取决于各参与者的资源,而且也取决于游戏规则以及进行交换的环境。

4.治理意味着参与者最终将形成一个自主的网络。这一自主的网络在某个特定的领域中拥有发号施令的权威,它与政府在特定的领域中进行合作,分担政府的行政管理责任。

5.治理意味着办好事情的能力并不仅限于政府的权力,不限于政府的发号施令或运用权威。在公共事务的管理中,还存在着其他的管理方法和技术,政府有责任使用这些新的方法和技术来更好地对公共事务进行控制和引导。

在关于治理的各种定义中,全球治理委员会的定义具有很大的代表性。该委员会于1995年发表了一份题为《我们的全球伙伴关系》的研究报告,对治理做出了如下界定:治理是各种公共的或私人的个人和机构管理其共同事务的诸多方式的总和。它是使相互冲突的或不同的利益得以调和并且采取联合行动的持续的过程。这既包括有权迫使人但服从的正式制度和规则,也包括各种人们同意或以为符合其利益的非正式的制度安排。它有四个特征:治理不是一整套规则,也不是一种活动,而是一个过程;治理过程的基础不是控制,而是协调;治理既涉及公共部门,也包括私人部门;治理不是一种正式的制度,而是持续的互动。

从上述各种关于治理的定义中我们可以看到,人类政治过程的重心正在从统治走向治理,治理的目的是在各种不同的制度关系中运用权力去引导、控制和规范公民的各种活动,以最大限度地增进公共利益。在这一过程中,政府、社会、公民各方的力量被充分尊重和调动起来,通过多方合作解决政府和市场失灵带来的问题,推动公共服务的有效供给。但是,治理也不是万能的,它内在地存在着许多局限,在现实世界,治理还要受到诸多外在因素的制约。它不能代替国家而享有合法的政治暴力,也不可能取代市场而自发地对大多数资源进行有效的配置。事实上,有效的治理应该建立在国家和市场的基础之上,它是对国家和市场手段的必要补充。治理理论为推动公共服务的多元合作供给体制提供了有效的理论支撑。

(四)多中心理论

2009年10月12日,瑞典皇家科学院诺贝尔奖委员会宣布,将2009年度诺贝尔经济学奖授予美国学者埃莉诺·奥斯特罗姆(Elinor Ostrom)和奥利弗·威廉姆森(Oliver Williamson)。值得注意的是,奥斯特罗姆是诺贝尔经济学奖设立四十多年来第一位获奖的女性,还是一位科班出身的政治学家,这在该奖项历史上具有开创意义。她的学术贡献之一是提出了多中心治理理论。她的研究冲破了公共事务只能由政府管理的唯一性教条,冲破了政府既是公共事务的安排者又是生产者的传统教条,提出了公共事务管理可以有多种组织和多种机制(多中心主义)的新看法,这就是所谓公共管理的印第安纳学派或制度分析学派。

奥斯特罗姆夫妇认为:"多中心意味着有许多在形式上相互独立的决策中心……它们在竞争性关系中相互重视对方的存在,相互签订各种各样的合约,并从事合作性的活动,或者利用核心机制来解决冲突。"这一观点突破了传统意义上政府与市场两种秩序的二元思维,不预设只有市场和政府两种秩序,逐渐认识到在公共经济中能够实现秩序和比较高水平的绩效，在此，大、中、小规模的政府和非政府的企业既相互竞争，又相互合作，这实际上是从理论上把各个治理主体平等化了。“在多中心体制之下，不同的客观现实将反映在各有关社群所设计的规则之中。不同组别的地方规则在众多可选择的世界观与规范体系中间也许引起冲突，然后这种冲突可以是建设性的而非破坏性的。事实上，竞争是多中心的核心。”

多中心治理首先意味着在公共物品和公共服务提供和公共事务处理方面存在着多个供给主体。试图在保持公共事务公共性的同时，通过多种参与者提供性质相似、特征相近的物品，从而在传统中由单一部门垄断的公共事务上建立一种竞争或准竞争机制。通过各个生产主体之间的竞争，来迫使各生产者自我约束，降低成本，提高质量和增强回应性。并且，公民还可根据各生产者的相对优势，按照自己的意愿，在各个生产者之间进行选择。

多中心治理既反对政府的垄断，也不是所谓的私营化。它不意味着政府从公共事务领域的退出和责任的让渡，而是政府角色、责任与管理方式的变化。多中心治理中政府不再是单一主体，而只是其中一个主体。政府的管理方式也从以往的直接管理变为间接管理。在多中心治理中，政府更多地扮演了一个中介者的角色，即制定多中心制度中的宏观框架和参与者的行为规则，同时运用经济、法律、政策等多种手段为公共服务的提供和公共事务的处理提供依据和便利。

多中心治理理论早已超出了诺奖委员会所谓“经济治理”的框限，已然成为一派极其重要的政治思潮与社会运动。但也应该清晰地认识到，多中心自主治理理论也存在一定的局限性，主要是其适用对象的有限性、适用政治体制的有限性和适用自治组织的有限性。在私有化和国有化之间有无数中间状态，在特定的社会情境中大量自组织的集体行动亦能有效运行。然而，如何判定其适用情境，的确构成对奥斯特罗姆的一个挑战。不同国家不同领域公用事业民营化的实践，绝不可一概而论地推而广之。另外，多中心治理组织特征与传统有所不同，是多重规模的组织并存，并通过组织之间的竞争、协作和冲突解决模式，使不同的公共利益得到实现。如果无规则的不良竞争出现，导致无法协作，冲突无法解决，这样的地方分权只是形似多中心，而不是真正的多中心。只是单纯强调竞争性的多中心治理并不能促进区域经济的健康发展。总之，作为补充政府管理和市场调节不足而确立的一种社会管理方式，多中心治理并不是万能的，治理失效的可能性同样存在。绝不能完全把国家或政府排除出去，它们依然在这个复杂系统中扮演着重要乃至关键的角色。

二、公共服务的多元供给机制

市场失灵论、政府失灵论、治理理论与多中心理论，为公共服务供给主体的多元化提供了理论支撑。政府虽然在公共服务供给中承担着重要责任，而公共服务的复杂性使得单靠政府难以提供足够的公共服务，将服务的提供者与生产者分离成为世界性潮流。通过政府、市场、社会组织等多元主体的有效合作，实现公共服务的有效供给。

奥斯特罗姆夫妇对公共服务的供给和生产相分离理论进行了深入论证。他们认为,“供给活动是指通过集体选择机制对以下问题做出解决:由指定的一组人提供各类物品和服务;被提供物品和服务的数量与质量;与这些物品和服务有关的私人活动被管制的程度;如何安排这些物品和服务的生产;如何对这些物品和服务的供给进行融资;以及如何对生产这些物品和服务的人进行管理”,“而生产则是将知识投入变成产出的更加技术化的过程,它指制造一个产品,或者给予一项服务。”这一区别的意义在于“公益物品要通过集体行动由公共供给,但并不意味着需要由公共生产”,即公共服务的供给和生产完全可以区分开来。并且,奥斯特罗姆提出了 6 种不同的公共服务制度安排:政府自己生产;政府外包给一个私营企业;政府外包给另一个政府;政府自己生产一部分,从其他组织得到一部分;政府授权给不同的生产者,并规定服务标准,由消费者自己选择服务提供者;票券制。

美国学者萨瓦斯作为公共服务民营化的代表人物,认为提供具有集体物品内在特性的物品和服务是政府自身存在的主要理由,但“集体行动并不意味着政府行动”。并指出:服务提供或安排与服务生产之间的区别十分重要,“它是整个民营化概念的核心,是政府角色界定的基础”。因此,萨瓦斯区分了公共服务中三个基本的参与者:消费者、生产者、安排者或提供者:(1)消费者直接接受或获得服务,他们可以是个人、特定地理区域的所有人、政府机构、私人组织、拥有共同特征的社会阶层(穷人、学生、出口商、农民等)或者获得辅助性服务的政府机构。(2)服务的生产者直接组织生产,或者直接向消费者提供服务。它可能是政府单位、特别行政区、市民志愿组织、私人企业、非营利机构,有时甚至是消费者自身。比如,一个县级政府可以提供公共医疗服务;私人企业可以与市政当局签订合同,承担公共事业的运营等。(3)服务的安排者,亦称为服务提供者,它指派生产者给消费者,指派消费者给生产者,或选择服务的生产者。安排者通常是政府单位,但也有例外。市政当局、联邦政府、志愿组织或消费者自己也可能是服务的安排者。对集体物品而言,生产者可被视为一个集体决策的单位,确认并表达对该物品的需求,也可能存在共同安排者的情况。

从理论上说,公共服务提供中政府角色界定是一个成本收益分析的过程,“当安排者和生产者二者合一时,官僚制就产生了,即维持和管理层级系统的成本。当安排者和生产者不同时,又产生了交易成本,即聘用和管理独立生产者的成本。两种成本的相对值决定了安排和生产功能分开是否值得”。

基于公共服务的提供者和生产者分离的理论,萨瓦斯根据生产者、消费者和提供者之间的动态关系,提出了 4 种类型 10 种具体形式的公共服务制度安排:政府服务、政府出售、政府间协议、合同承包、特许经营、政府补助、凭单制、自由市场、志愿服务、自我服务。

第一类:政府安排、政府生产

这种情况下,政府同时扮演了提供者(安排者)和生产者的角色。这时政府公共部门提供政府服务,包括政府所拥有的企业所提供的服务,如国有的自来水公司、电力公司、污水处理厂等的服务。这种情况中也包括通过政府间协议的方式来为公众提供公共服务,即一个政府可以签订协议付费给其他的政府以提供涉及本辖区居民的公共服务,这一形式在美国较为普遍。之所以要将服务责任在政府间进行再配置和调整,目的在于更好地解决地区性问题并应付日益上升的成本。萨瓦斯在1992年对美国1504个市和县进行的研究表明,政府间协议在美国被应用到了64种常见的地方服务中,例如公共卫生、公交运输、医院的经营与管理、图书馆、污水收集和处理、固体废物处理等。在政府协议中,其中一个政府是服务的安排者,另一个政府则是服务的生产者,美国的县政府常常与市镇政府签订合同,付费给后者,由其维护穿越市镇的县级公路;州政府也常常和市镇或县政府签订合同,付费给后者以提供某些社会服务。在我国,一般看不到政府间协议这种形式,常见的是上级部门以布置任务(或行政命令)的形式让下级部门来完成某种服务。与政府间协议最为接近的制度安排是某些涉及跨区公共产品与服务的专项资金。专项资金虽然有一定的执行程序,也有相应的管理制度,但是,同一个管理制度很难适应所有不同地区的不同项目,而政府间协议是针对每一个项目签订的,所以在管理上更具有针对性。另外专项资金较容易被挪用,约束力不够强,而政府间协议形式上具有商业契约性质,约束力和效率较高。

第二类:私人安排、政府生产

提供者是私人部门而生产者是政府部门的制度安排,只有一种特例形式,即政府出售服务。例如某一个歌星要开演唱会,为了演唱会的安全,私人部门的组织者可能会向政府出钱购买由警察局提供的安全服务。显然这与政府为居民供水、供电或提供公共交通服务时的收费性质是不同的,因为,在向居民提供水、电、交通服务并收费时,政府扮演的是服务安排者的角色。而在政府出售中,非政府组织是服务的安排者,在这里消费者也并不直接向政府部门付费。

第三类:政府安排、私人生产

“政府安排、私人生产”是伴随着西方国家公共管理理论的变革而兴起的一种公共服务制度安排,主要有三种具体形式:合同承包、特许经营、补助。

(1)合同承包

合同承包与政府协议不同,政府协议是政府与政府之间的协议,而合同承包是政府和非政府企业之间签订的关于公共服务的合同。此时,政府是安排者,而非政府企业是生产者,安排者付费给生产者。萨瓦斯认为在合同承包中政府最理想的角色应当是:公共服务需求的确认者;精明的购买者;对所购买产品和服务有经验的检查者和评估者;公平税赋的有效征收者;谨慎的支出者(适时适量对承包商进行支付)。由于美国是一个高度市场化的国家,因此,合同承包制度非常普遍。政府使用的大多数有形资产,如补给、装备和设备,都是通过合同购买的,即使在敏感的军事装备方面通常也是从私营公司那里获得的。在英国,1988年的《地方政府法》要求,6种基本的市政服务必须经过竞争性招标来安排,包括生活垃圾收集、街道清洁、公共建筑清扫、车辆保养维修、地面维护和饮食服务等。我国在计划经济时期，几乎所有的产品和服务都是由政府提供并生产的，随着市场经济体制的建立，合同承包逐渐增多。但并不是所有的产品和服务都可以通过承包的方式来提供，采用合同承包方式提供的产品和服务应当符合这样一些条件：第一，通过合同承包方式提供的产品与服务能够清楚地界定出来。也就是说，要提供什么？提供多少？以什么质量提供？这些都应该能做清楚的界定。第二，要存在几个潜在的竞争者。如果只被一家所垄断，承包者便可能一味向政府要高价。第三，政府能够监测承包商的工作绩效。如果在信息不对称的情况下，政府不能有效监测到承包商的工作绩效，承包商便很有可能故意降低效率抬高价格，导致总成本上升。第四，承包的条件和具体要求在合同文本中能做出明确规定并能够保证落实。合同承包与合同租赁的区别在于：合同承包者不能将政府的资产或设施用于自己的其他业务，而只能代表政府从事经营并从政府获得相应的报酬，而租赁者却可以将所租赁来的设备用于自己所有的业务当中，并不受限制。

(2)特性经营

特许经营是指政府将垄断性特权给予某一私营企业，让它在特定的领域里和规定的时间段内提供特定服务，通常是在政府机构的价格管制下进行。在特许经营的制度安排中，政府是安排者，私人组织是生产者，这里，与商业领域的特许经营有所不同，商业领域里的特许经营大多只是指技术与品牌的特许。特许经营与政府颁发的食品、烟酒、医疗等经营许可证也不同，在许可证安排中，政府和许可证获得者之间的关系较为简单，主要是资质认定和特别监管。与合同承包不同的是，特许经营制度安排下，是消费者向生产者付费，而合同承包的制度安排是安排者向生产者付费。由此可知，特许经营的制度安排特别适合那些可直接收费产品与服务的提供。目前，在我国已经有越来越多的城市采用特许经营的方式来为城市居民提供公共服务，如自来水、垃圾处理、桥梁和城市间的高速公路。为了迎接奥运会，北京市政进行的大规模轨道交通基础设施建设就大量引入了特许经营的方式，实现了政府和私人部门间的合作，比如，北京地铁 9 号线全长 17.6 公里，投资 79 亿元，采取 BOT 模式运作；轨道交通机场线投资 52 亿元，也采用 BOT 方式；四个高速公路项目，包括机场北高速、110 国道改建、京承高速三期以及京平高速，合计 181.3 公里，总投资 129.7 亿元，也采用 BOT 模式运作。

(3)补助

政府可以通过补助的制度安排来促使私人部门为公众提供公共服务，其方式有资金补助、免税或税收优惠、低息贷款、贷款担保等。通过对生产者的补助，降低了服务的价格，有效控制了风险，可以使更多的公众有支付能力在市场上购买那些接受政府补助的生产者生产出来的服务，如果没有政府补助，这些消费者便可能无力购买这些服务。在补助这种制度安排下，生产者是私人企业或非营利机构，政府和消费者共同向生产者付费，在政府方面的具体形式，既可以是政府选择特定的生产者提供补助，也可以是消费者使用政府配发的补贴券选择特定的生产者购买其服务。

第四类：私人安排、私人生产

这一类型的服务供给制度安排，是由非政府部门安排和生产相应的服务，具体包括：志愿服务、自我服务、凭单制和自由市场四种形式。

(1)志愿服务

志愿服务是指通过志愿者的劳动或支付向那些需要帮助的人提供公共服务，志愿者扮演了服务的安排者角色(往往也伴随着政府的引导和表彰)。他们可以自己直接提供服务，也可以通过雇用和付费给私人企业来提供服务，如我国的希望小学，就是通过志愿服务的制度提供的。志愿提供是对政府直接提供不足的一种补充。理论上，形成一个志愿组织，必须具备这样一些基本的条件：对该服务的需求明确且较持久；有足够的人乐于花费时间和金钱去满足这种需要；团体所拥有的技术和资源允许提供这一服务；对参与志愿服务者能够提供精神上的满足和激励。

(2)自我服务

在自我服务的制度安排中，“养儿防老”式的保障功能是一个例子。资料显示，即使在美国，每 8 个就业人员中大约有 1 个直接照顾老年父母；在日本，60 岁以上的老人中有 70%的人和年轻的亲属住在一起；在我国，以往大多数的老人都是和自己的子女在一起生活，上敬老院或单独生活的较少。

(3)凭单制

凭单制是一种借用私人市场凭单的理念和技能来改造公共服务的供给机制的政府改革工具，其改革设想最早渊源于美国新自由主义经济学家、诺贝尔奖获得者密尔顿·弗里德曼的教育市场化思想。对于那些社会服务职能，如教育、住房、医疗等，由于公众对政府的期望值高，政府无法推卸责任，就应改变服务的输出方式，引入竞争机制，在公共服务领域中实行市场化运作，将政府权威与市场交换的功能优势有机结合。正如弗里德曼说的：“政府有责任支持教育，但却没有必要经营学校。”因此，凭单制作为政府改革的工具，其实质是在公共服务中引入市场机制的一种制度安排，其内在的底蕴是政府公共服务输出的市场化。

凭单制的应用是需要一定条件的。萨瓦斯对此进行了研究，认为凭单制良好运行的理想条件有：(1)人们对服务的偏好普遍不同，且公众认为这些多样化偏好很合理；(2)存在多个服务供应者之间的竞争，潜在提供者进入成本很低；(3)个人对市场状况非常了解，包括服务成本、质量、获取渠道等方面的信息；(4)使用者容易评判服务质量，或者生产者由政府批准并受其监督；(5)个人有积极性去购买该种产品；(6)该种服务比较便宜且人们购买频繁，因此，公众能够通过时间来学习。探讨凭单制的使用条件，有利于我们确定凭单制的适用范围。只有那些具有融合性质的公共服务才适合凭单制安排。所谓融合特征也就是萨瓦斯所说的"福利物品"。凭单制的改革就是针对这些福利物品所对应的改革领域的,它要求重新强调福利物品的私人物品性质,通过强化市场激励来控制成本和保证质量。教育、医疗卫生就是具有明显融合特征的福利物品,它们既具有明显的排他和个人消费性并可收费,又明显具有正溢出效应,即如果人人受教育,整个社会文化素质提高;而当一个病人被治好时,许多人会从中受益。这些领域运用凭单制的具体形式有中小学的学费凭单、大学中的退伍军人福利、针对穷人的基本医疗卡、免疫和疾病预防卡等。

(4)自由市场

在这一制度安排中,由消费者安排服务和选择生产者,生产者是私人企业。尽管要确定服务并制定安全和其他标准,但政府在交易中的介入程度并不深。比如,美国小城镇的垃圾一般是私人收集,但是垃圾收集具有一定的外溢性,如果不及时收集会污染环境和街道,影响公共卫生和公众健康,为此,地方政府规定所有家庭每周至少要收集一次垃圾,但每个家庭却可以选择私人企业去收集处理并为此付费。在智利的养老金管理中,也具有类似自由市场的特征,政府虽然会通过法令的形式对养老金制度做出安排,但却赋予个人独立的选择养老基金公司的权利,此时,个人成为养老金管理服务的安排者并选择生产者,具体的服务由私营养老基金公司负责,通过这种类似于自由市场的方式,实现了养老金服务的有效供给。

当然,上述10种具体形式的公共服务供给机制,可以单独使用,也可以联合运用。萨瓦斯提出了三种联合运用不同机制的制度安排:多样化安排、混合式安排和局部安排。但具体选择何种服务安排方式,需要重点考虑如下几个因素:服务的具体性、生产者的可得性、效率和效益、服务规模、收益和成本的关联度、对消费者的回应性、对欺骗行为的免疫力、经济公平、种族公平、对服务的影响、对政府指导的回应性、政府规模等。

第三节 公共服务的提供过程

萨瓦斯等学者在回答公共服务应"如何供给"这一问题时,隐含着一个问题,就是在多元化的制度安排中,相关各方的责任是什么?世界银行2004年发展报告《让服务惠及穷人》中,就是从厘清公共服务四个参与方之间的责任关系入手,用"责任"(Accountability)一词将服务供应链中的各方链接起来,提出了一个公共服务供给分析框架。

世界银行的报告将责任视为公共服务供给的核心概念,责任是指参与方之间普遍存在的关系。在公共服务供应链中,有四大类参与方:公民/客户、政治家/政策制定者、服务提供者和一线专业人员。参与者之间都有一定的责任关系相连,任何责任关系的缺失,都将造成公共服务的失败。上述责任关系又分长线责任和短线责任两种。短线责任是指将决策和权力直接交给公民或者客户,一般以交易为基础,通过交易使公民直接表明自己的服务需求,使服务提供者直接对客户负责，同时可以监督服务供给情况和提供者的表现。在公共服务中更多的是长线责任，通过表达权和契约来构成长线责任中的控制机制。表达权是指公民委托政治家为他们的利益服务，通过纳税为政府筹资；而契约将政策制定者和机构服务提供者联系起来，这种契约关系并不像合约那么具体并具有法律强制性。

实际上，世界银行的公共服务供给分析框架围绕着"责任"这一关键词，阐释了公共服务的供给过程。它将服务供给相关主体间的责任关系总结为授权、融资、执行、关于执行情况的信息、强制性等五大特征，这五大特征清晰地体现了在公共服务供给过程中的各方责任。

公共服务的过程是一个社会公众、政府和各种直接提供者的互动过程，包括社会需求和意愿的表达、政府决策和组织安排、直接提供者向社会成员提供一线服务、公共服务的问责等几个环节。从国内外经验看，运行良好的公共服务过程应有以下特点：公开透明；社会参与；高效、方便、及时、可得；公平、公正、平等、礼貌；惠及贫弱群体；可问责。正如萨瓦斯等的研究，公共服务供给可分为两个环节：供应和生产。其中，供应环节的核心是计划的安排和资金的投入，生产的核心是服务的产出，是技术性的具体操作阶段。整个供应环节包括许多具体的细节，比如计划、筹资、提供、生产和监管。

一、计划

计划是公共服务供给的起点和基础，是决定谁将如何获得一定数量和质量的公共服务的决策过程，其本质上一项公共政策的界定过程，通过有效的公共决策机制，就某项公共服务的供给主体、供给数量和质量、生产主体、融资机制以及监控机制等进行全面的规划。计划的合理与否将对公共服务供给的效果发挥重要影响。

由于公共服务本身具有的公共属性，决定了政府在公共服务供给中扮演着重要的角色，甚至是最后责任人的角色。但政府承担供给责任并不意味着政府要承担公共服务供给的全部，尤其是随着公共管理理论的发展，积极推进公共服务供给体制改革已成为世界各国的一种趋势。积极转变政府职能，创新公共服务供给体制是当前我国一项重要的任务。随着公共服务供给体制改革的推进，公共服务的供给不应再是一个政府起主导作用的"政治——行政"过程，而是由政府和市场机制共同起作用的过程。这一变革要求在制订公共服务供给计划时，必须充分尊重和考虑不同类型的公共服务的属性和不同公共服务供给制度安排的适用条件，统筹制订合理的公共服务供给计划。

二、筹资

筹资是获取资金以支付服务产出成本的过程。对于筹资方式的选择，需要回答两个问题：由谁支付？如何支付？筹资过程中的关键问题是对于筹资方式如何影响公共服务供给的成本和收益所进行的衡量和判断，即筹资过程不是简单的关于成本的决策和安排问题，而是相对于收益的成本配置。公共服务的资金来源渠道主要是财政资金，包括财政预算内资金和预算外资金。但仅靠政府投资难以满足迅速发展的公共服务需求，为此，应努力建立多样化、市场化的融资渠道和方式，建立公共服务多元筹资体制。以较小的政府投入，引导和激励民间资金投资公共服务，从而更好地促进公共服务的发展。在融资渠道的选择上，鉴于我国金融体系尚不健全，应更多地尝试风险较分散、发达国家使用较普遍的融资方式，如债券融资、股票融资、基础设施信托融资等。在融资机制设计上，可以采取项目融资的方法，立足于具体的服务项目，由投资者组建项目公司，构建以项目为主体的融资机制。在这种机制下，政府不以投资者或直接借款人的身份介入，而是以服务者的身份出现，为项目提供财政担保和补贴、特许经营权以及良好的投资环境，以此引导社会投资者进入，并规范其行为。同时，注意发挥非政府组织的力量，来弥补依靠政府和市场资金投入的不足。在筹资机制上，还应该充分考虑政府间的财政能力问题，积极建立有效的政府间财政转移支付制度，保障公共服务的供给。

三、提供

公共服务的提供是指一系列集体选择行为的总称，它包括是否提供某种公共服务、如何提供、何时提供以及提供的质量和数量等的一系列规定。具体来说，公共服务提供者应该承担的主要任务包括以下几个方面：(1)决定某种公共服务是否需要提供。在公共服务计划阶段，通过公共决策机制，比如投票、公共论坛、公民直接向政府官员等表达其需求偏好，使得公共服务的安排者能够清晰地了解哪些公共服务是辖区内大多数公民急需的，这样大多数公民所共同需要的公共服务就会进入公共服务提供议程。(2)确定提供什么样的公共服务。即要确定公共服务的质量和数量、提供服务所需要的财政支持以及如何筹措等。在进行这些安排时，要充分听取公民的意见，以确保公民愿意为某一公共服务支付税费，并且使每个公民所支付的费用比例基本上和其所享受到的服务比例相当。(3)确定公共服务的消费边界。即哪些人可以享受某一公共服务，哪些人则被排除在外。不同的公共服务可能涉及不同的消费边界，重要的是要坚持财政平衡原则，即个人所负税费和收益必须匹配，当外部性发生时，应根据财政平衡原则建立合理的财政转移支付制度。(4)确定怎样生产这种公共服务。即公共服务的提供者要根据成本收益分析确定某一公共服务的具体生产者，方式可以是公开招标，或由专门的评估机构进行成本效益评估，应该秉持效率原则选择那些成本和效益比例最为适当的生产者来承担生产任务。此外，如果采取外包等市场化方式进行公共服务的生产，公共服务提供者还应对公共服务的生产过程、生产结果进行监督和评估。如果服务生产者不能按要求履行其职责，提供者可根据约定，终止合约，并追究生产者相应的责任，或寻求司法途径解决问题；对公共服务的生产结果，即公共物品的质量，提供者应当进行评估，以保证生产者生产的公共服务能满足公民的需求。提供者还要制定强制性规则，规制个人的消费行为，确保公共服务在供求均衡的前提下得到合理使用。

四、生产

生产本质上是将资金、设备等各种有形资源和制度、政策等无形资源转化为公共服务的技术过程。在以官僚制为基本组织架构的传统的“大政府模式”中，公共服务的生产职能一般由政府垄断。政府垄断所有公共服务的生产过程和生产环节，称之为政府直接生产。在这种生产方式中，政府实现了供给者与生产者的重叠。而这样一种供给模式，在缺乏对政府行为的有效规制和监督的情况下，会由于政府的自利，导致政府规模的扩张和公共服务的高成本和低效率。奥斯特罗姆、萨瓦斯等学者的研究已经清晰地揭示了公共服务的供给和生产是两个概念，生产只是公共服务供给的一部分而已，公共服务的供给可以通过多种制度安排实现，而且，构建多元化的公共服务供给机制是一个世界趋势。实践中，各种外包、特许经营、补贴等引入市场机制进行公共服务生产的例子越来越多。较之于公共服务的提供，公共物品的生产过程更多关注的是提供某种服务的技术过程，其核心是投入产出的效率。在生产过程中，提供单位的职责是在确定公共服务的种类、数量、质量的前提下，与生产者建立联系，寻求最优效率的生产者并对产出进行监督。公共服务在生产方面的组织主要基于技术层面的考虑，生产过程中市民和消费者的参与对生产效率的重要性、不同公共服务在现有生产条件下所具有的不同的规模经济特征、大规模生产所需要的协调成本等是影响生产效率的主要因素。

五、监管

加强监管是多元化公共服务供给体制下的必然要求，尤其是在通过引入市场机制进行公共服务生产的情况下更为必要，是公共服务价值得以体现、质量得以保障的关键。目前，我国一些公共服务领域，尤其是混合型和经营性服务领域普遍存在着以审批代监管、重审批轻监管现象。因此，应当大力加强监管，不断提高公共服务效率。根据公共服务供给过程中提供和生产分离的特征，监督机制的完善应当从两个方面入手：一方面，公共服务提供者要加强对生产者的监督。要依照契约对公共服务质量和数量进行监控，完善事前、事中和事后的全过程监管。另一方面，加强对公共服务提供者的监督。提供者在公共服务供给中扮演着十分重要的角色，直接影响到消费者的切身利益。为此，应该加强公民对提供者的监督，同时，强化公民参与，通过舆论等非制度化途径，以及选举、听证等制度化方式保障社会主体的参与和制约，使公共服务提供者能充分反映各种社会群体的偏好，防止公共服务的提供蜕变为利益集团的特殊利益服务工具。

第二章 体育公共服务的概念、内涵及外延

第一节 体育公共服务概念厘清

一、体育公共服务

提供公共服务是政府应履行的职能，公共服务水平是衡量一个国家或地区经济发展水平和政治文明程度的标志。体育公共服务是公共服务的重要组成部分，提高体育公共服务水平是我国由体育大国向体育强国迈进的时代要求。王才兴(2008)认为"体育公共服务"即指：由公共部门或准公共部门共同提供的，以满足社会成员的基本体育需要为目的，着眼于提高市民身体素质和生活质量，既给市民提供基本的体育文化享受，也提供并保障社会生存与发展所必需的体育环境与条件的公共产品和服务行为的总称。张晓红、计伟忠等(2010)指出：体育公共服务是为满足大众的体育需求而提供的各种体育服务和活动的总称。樊炳有(2010)认为：体育公共服务是提供体育公共产品和服务行为的总称，包括加强体育公共设施建设、发展体育公共事业、发布体育公共信息等，为丰富社会公众生活和参与社会体育活动提供社会保障和创造条件。体育公共产品和服务是整个社会共同消费的，由政府和市场协调发展来提供。刘红建、高雯雯等(2011)认为：体育公共服务是公共服务的下位概念，是由公共服务的概念推演而来的，它是指体育公共产品和服务行为的总称，其提供者是公共部门或准公共部门；其目的就是为了满足公民对体育的需求；其内容包括体育监测服务、体育活动服务、体育设施服务、体育组织服务、体育指导服务、体育信息服务等。

综上所述，关于体育公共服务的研究始于21世纪初，虽然已经历了近十年的积极探索与广泛研究，但仍存在着研究数量较少、研究广度不够、研究深度不足、研究质量粗糙之现状。

二、公共体育服务

"服务"，现代汉语词典释义为"为集体(或别人的)利益或为某种事业而工作"。对于体育服务可以这样理解：即体育组织或体育组织的服务人员，为体育活动参加者实现自己的确定目标而提供的体育产品和体育劳务内容就是体育服务。公共体育服务是指公共体育组织和公共体育服务人员，为社会公众的体育活动所提供的体育产品和体育劳务。"实物形态"

的体育产品和"非实物形态"的体育劳务，都是以"体育劳动成果"为服务内容的服务产品，两者结合，构成体育服务，以此向社会体育公众提供"以服务形式存在的消费品"，以满足其欣赏和健身需要。肖林鹏(2007)认为：公共服务是指公共组织为满足公共体育需要而提供的公共物品或混合物品。公共组织是公共体育服务的供给主体，广大享有体育权利的公民是公共体育服务的客体，公共体育需要是公共体育服务供给的发端和归宿，公共体育服务的内容丰富多样，公共体育服务的供给模式呈多元化。郇昌店(2009)认为：公共体育服务是指为满足公共体育需求而提供的产品和行为的总称。

从以上的研究可以看出，学者们对公共体育服务的概念也展开了热烈的探讨，但亦未达成共识性的概念。

三、体育公共服务与公共体育服务

体育公共服务与公共体育服务是学者们在研究体育的公共服务问题中出现频率较高的两个术语，并且在表达两个术语的定义、内涵及外延时，有相互混淆的倾向。赞成"公共体育服务"概念的学者认为，其应与教科文卫领域的术语同步：公共＋公共事业名称＋服务的形式，同时也指出体育公共服务和城市公共服务、社区公共服务、农村公共服务等相似，而体育与诸如城市、社区、村等不属于同一类性质的概念。而使用"体育公共服务"概念的学者却指出，从词性与构词结构上看，"体育公共服务"的表述更准确，而"公共体育服务"在使用中若不加特别说明就会出现歧义。更为重要的是，"公共服务"概念已经为国内外学术界所熟知，作为一个上位概念其词语结构是不能随意改动的，而作为下位概念，只能采用表明差异性的词语再加上位概念的方法。值得引起注意的是，在当前两个概念有时被不加区分地使用的现状下，如果不及时厘清它们之间的关系，势必对后期相关的规范研究和实证研究造成困难。

由此，本课题认为体育公共服务与公共体育服务表达的均是公共部门(组织)或准公共部门(组织)为满足公民日益增长的体育需求而提供的体育产品或服务行为，两者的区别更大的是在于其表达形式的不同。而体育公共服务的说法更靠近公共服务这个上位概念，更靠近公共服务所要表达的初衷，故采用体育公共服务作为课题研究的中心词语。

四、体育公共服务概念的界定

随着人们对公共服务认识的逐步深化，体育公共服务逐渐进入研究领域，界定体育公共服务的概念并非朝夕的易事，需要以强大、精深的理论为基石，需要在实践中不断检验与锤炼。在当前我国经济转轨、社会转型、文化转制、政府公共服务职能强化的背景下，本课题比较认同的体育公共服务的概念是：由公共部门和准公共部门共同提供的，以满足公民体育需求为目的的体育产品和服务行为的总称。

第二节 体育公共服务的内涵

内涵是一个概念所反映的事物的本质属性的总和，也就是概念的内容。“概念的内涵，就是概念所反映的事物的特有属性。”“内涵就是对一个概念对象特有属性的反映，或者说，内涵是反映一个概念对象特有属性的思想。”“概念的内涵就是反映于概念中对象的本质属性。它是概念的质，即通常所说的概念的含义。”“概念的内涵就是反映在概念中的对象的特有属性或本质属性，通常也可叫作概念的含义。”由上可见，尽管各逻辑教材对概念的内涵的揭示有所差异，但却不约而同地明确了一点，内涵是反映和规定着概念质的方面，是属性，是含义，是物质共同的本质属性。清晰、准确内涵定位是展开后续理论研究的基石，是研究科学化的保障。

就体育公共服务而言，其内涵所包含的内容应是最能体现体育公共服务特质的各种要素的总和。它是以关注公民体育需求为己任的公共服务，服务的内容包括健身设施服务、健身组织服务、体质监测服务、健身指导服务、体育活动服务、信息咨询服务、体育保险提供服务等，服务供给主体是公共组织或准公共组织，服务对象为具有体育权利的社会公民，价值取向以促进人类健康为主。

一、体育公共服务的特征

（一）均等性

公共服务均等化是以政府为主体的各类公共组织考虑到公民的生活需要，按全国一致的标准为公民提供一视同仁的、基本的公共产品和服务，强调享有基础性的公共服务项目的机会均等、结果均等。体育公共服务均等化是指政府在不同阶段，按照不同标准，在区县、省市乃至全国，应当为所有社会公众提供大致相同的体育公共产品和服务。这是政府公共服务均等化政策在体育领域的体现。也就是体育公共服务要以公平为基础，允许地区间在一定时期存在一定的差异，但要保证底线（即平均最低水平）在全国范围内的均等。

体育公共服务应是公平分配的服务，体育公共设施和体育公共资源应均等分布，尽可能保证人人都享受到政府提供的同等程度的体育公共服务。体育公共服务的公平均等性突出地体现了社会平等的伦理要求。目前，我国体育公共服务强调的均等化主要有两层意思：第一，全体公民享受体育公共服务机会均等；第二，体育公共服务所能满足公民的体育需求程度均等。这种均等既是绝对的又是相对的，是绝对与相对的协调统一。体育公共服务均等化是时代和构建和谐社会的要求，是社会公平的重要体现，因此在当前的政治经济文化背景下，切实加强我国体育公共服务均等化建设具有重要的时代意义和现实意义。

（二）公益性

公益是一个比较宽泛的概念，是公共的利益（多指卫生、救济等群众福利事业）。体育公共服务的定性决定了这项“社会公益事业”中汇集了“一定的福利政策”。体育公共服务应具有公益性质，即要以社会效益为重，即便是企业提供，甚至是社会力量融入，也应在政府的指导和监管下，不以追求利润为目的，低价或免费向公民提供体育公共产品和服务。旨在有效地协调公共利益，满足人民群众日益增长的体育需求，实现人的全面发展，体现政府的服务职能与人文关怀。

（三）多样性

第一，服务群体的多样性。第二，体育需求的多样性。第三，服务内容的多样性。第四，供给主体的多样性。随着经济的发展、社会的进步，社会分层逐步细化。职业、年龄、居住区域的不同，体育公共服务对象呈多样化。多样化的服务对象群体有多元化的体育需求。多元化的体育需求需要丰富多彩的服务内容方可满足。丰富的服务内容需要多领域的政府部门、体育总会、项目协会、文体站、社会体育服务站来提供。

（四）便利性

我国地域辽阔，地形复杂，不同的地理环境人们有不同的生活方式与习惯。因此，政府提供的体育公共服务应是近距离的、经常性、方便快捷的服务，使人们能够随时随地获得。尤其是对于老年人，体育公共服务的便利性决定了其参与体育活动程度。

（五）区域性

虽然在改革开放以后，我国民族融合大大加强，但经济上、文化上、政治上的地域差别依然存在。我国的体育文化无论是改革开放前还是改革开放后始终在相互碰撞、融汇的过程中呈现出鲜明的区域文化特色，并通过具体的体育公共服务需求表现出来。如新疆各族人民在体育公共服务供给中喜欢骑马、射箭等，广西融水等少数民族地区喜欢舞蹈等内容。这些形式多样、独具特色的民族体育公共服务需求，集健身、娱乐、观赏、保健医疗等一体，构成了我国独有的区域体育人文景观。

二、体育公共服务的功能

（一）体育公共服务是实现体育强国的重要保障

就目前我国体育发展的现状来看，我国正处于积累量的快速发展阶段，并朝着体育强国的方向发展，但离真正意义上的体育强国还有很长的一段路要走。体育公共服务是公共服务的重要组成部分，完善体育公共服务体系，提高体育公共服务水平，是我国实现由体育大国向体育强国迈进的重要保障。

（二）体育公共服务是实现政府职能转变的标志

随着社会主义市场经济的深入发展和全面确立，体育事业开始从国家的统包统管向市场化、产业化转变，这就意味着体育将由政府主导国家投入的传统模式向政府主导社会投入的现代模式转变。而公共服务则是“十一五”时期我国社会转型、政府职能转变的风向标，

“十四五”期间国家将更加重视发展社会公共事业和完善公共服务体系。体育公共服务体系建设已随着国家体育发展战略重心的转移和“十四五”体育事业规划战略部署的制定成为当前及今后我国体育事业发展的重要标志。

(三)体育公共服务是解决民生问题的重要抓手

体育事业是一项社会性事业,与居民的民生问题密切相关,是公共服务的主要内容和重要载体。处于新的历史时期,具有多种基本要素、具有多样性特征的我国体育公共服务体系建设,在积累、传承、创新和发展民族体育,落实公民体育权利,满足城乡居民日益增长的体育需求等方面,实现基本公共服务均等化承担着十分重要的社会功能,是解决民生问题的重要抓手。

(四)体育公共服务是体现社会公平的重要手段

从体育权利的视角来看,公民对体育公共服务的参与既是现代民主精神的体现,是公民实现体育权利的体现,更是公民享有社会福利权利的体现。在确保国家公民同样享有体育公共服务的同时,要注重体育公共服务体系建设,提高体育公共服务水平,培养公民良好的体育权利意识,积极调动公民参与体育发展的热情,促进我国社会体育事业的和谐发展。

(五)体育公共服务是促进人类健康的重要途径

健康是公民进行一切社会活动的基础,是公民最基本的需求,是公民参与社会竞争的资本,是社会经济发展之必须。公民的健康状况是一个国家的发展程度的重要标志。体育公共服务对于促进人类身心健康,促进社会主义建设,以经济、政治、体育的协调发展推动全面小康社会的建设和社会主义和谐社会的构建,亦具有重要实践价值。

综上所述,体育公共服务的内涵主要体现在:第一,服务主体的多元性,以政府为核心,社团、企业多元并存;第二,服务客体唯一性,社会公民是体育公共服务的唯一受体;第三,服务内容的广泛性,体育设施建设服务、体育信息咨询服务、体育健身指导服务、体育组织管理、国民体质监测服务、体育政策制定服务、体育保险提供服务等均是体育公共服务涉及的内容;第四,服务目的针对性,满足不同区域、不同人群的体育需求;第五,服务方式的多样性,社团、社区、街道等多种活动方式提供体育公共服务;第六,服务原则的均等性,力求使公民享有同样的参与体育活动的权利;第七,服务宗旨的公益性,不以追求利润为目的。

第三节　体育公共服务的外延

外延是指概念所确指的对象的范围。“概念的外延,就是具有概念所反映的特有属性的事物。”“外延就是一个概念所反映的每一个对象。”“概念的外延,就是反映于思维中具有相同本质属性的事物对象。”“概念的外延就是指具有概念所反映的特有属性或本质属性的对象,通常称为概念的适用对象。”外延是反映和规定着概念量的方面,是具有一定内涵的事物对象，是适用对象，是各种实物的总和。

综上所述，体育公共服务的外延可以概括为一种包含竞技体育、群众体育、学校体育等内容在内的关涉民生问题的公共服务实践，它的价值体现在更多地运用政府及社会成员的力量去关注社会现实，改善民生，促进社会进步，并旨在建构一个人人享有、权利平等的社会服务体系。

一、体育公共服务的内容

体育公共服务是社会公共服务的重要内容，是构建服务型政府的重要内容之一。体育公共服务是一个体现公平、公正、公益能够为广大市民提供基本体育服务的体系，是一个保障市民体质和健康水平得到普遍提高的保障体系，是一个政府领导、部门组织、行业合作、社会兴办的多元体系，其实质是把影响体育公共服务的相互作用、相互制约的多种食物整合成一个有机整体，是资源配置最优化、管理工作规范化、服务效益最大化，从而保障广大市民享有基本的体育服务。

（一）体育设施建设服务

体育设施是国家体育事业发展，各项体育政策法规实现的重要物质基础。公共体育设施的规划和建设更是进一步落实《全民健身计划纲要》，进一步改善国民体质与健康情况，进而提高中华民族的整体素质，推进社会主义物质文明和社会主义精神文明建设的重要条件保障。中共中央《关于进一步加强发展体育运动的通知》中指出："各地要认真落实国家对体育场地建设的要求和城市规划关于运动场地面积的定额指标。"国务院印发的《全民健身计划纲要》也明确提出："体育场地设施要纳入城乡建设规划，落实国家关于城市公共体育设施用地定额和学校体育场地设施的规定。"

在改善民生，提高国民素质的大背景下，公共体育设施在建设、使用、管理等方面存在众多问题需要逐步的解决与完善。要维护公共体育设施作为国家公共财产、公共服务产品的公共性、加强对公共体育设施的管理，建立规范的服务标准，合理扩大服务内容。修建住宅区的体育设施，开放周边校区的体育场馆，确保足够的场地资源，营造舒适的体育环境，方便居民参与体育活动。

（二）体育信息咨询服务

随着人们对体育运动的逐步认同及体育事业快速发展，原有的体育信息系统已经不能适应形势发展的要求。因此，各种体育报纸杂志和不同类型的体育信息咨询机构、网点及各类情报机构相继出现，使体育信息系统朝着促进体育科技、发展体育产业、协调体育社会化的目标扩大其服务范围。它包括：运动训练与竞赛信息服务、学校体育信息服务、体育健身信息服务、体育文化传播服务、体育保健信息服务、体育服饰信息服务、体育旅游信息服务等等。体育信息咨询服务应以亲民、利民、便民为出发点，遵循多元化、科学化的原则，建立多元的体育公共服务窗口与体育信息服务平台。设置体育信息服务网站、体育信息咨询论坛、体育信息在线服务、电话热线、市民信箱，发行大众体育杂志以及通过在报纸、电台、电视开设大众体育栏目等形式建设体育信息咨询渠道，宣传科学健身的知识、理念、方法，有效引导居民的体育行为，促进居民形成科学、健康、文明的生活方式。

（三）体育健身指导服务

体育健身指导是人们锻炼科学性、锻炼质量与效果的有力保障，要建立一个科技含量高、实用性强、国民体质监测一运动能力评价一运动健身指导于一体的体育健身指导服务体系，推动科学健身、全民健康的理念，营造群众积极参与运动健身，科学有效锻炼身体的良好氛围。通过本地培养与外地派遣等方式，在各体育公共服务场所安排社会体育指导员进行体育指导服务。同时，规范社会体育指导员行为，注重提高社会体育指导员的指导技能和指导水平，通过运动技能指导、健身方法推广、体育科普宣传等形式，使居民参与科学健身、享受运动乐趣、改善健康水平、提高生活质量。

（四）体育组织管理服务

体育组织管理是以一定的社会组织（通过管理者个人和机构）作为体育管理的主体，依据组织目标和组织规范，运用特定的职权和手段，以参加体育工作、体育活动的其他人和组织为管理客体的一种体育管理形式。体育组织管理服务应将分散、分离的体育资源（人财物等）逐步整合成一体，强调发挥功能的整体性。

同时，协调各种体育组织之间的合作，或直接开展群众性体育活动。建立相关的激励制度和倾斜政策（援助制度），以调动人们参加社区体育活动的积极性，使社会体育组织真正实现民办官助，社会监督的管理体制。成立各级体育组织，采用专职、兼职，职业、志愿等多种形式，鼓励体育专业人士参与到体育组织管理工作中来，推动各级体育公共服务组织建设。

（五）国民体质监测服务

国民体质监测是全民健身体系的重要内容，是检验全民健身计划实施的有效手段。在全面建设小康社会时期的国民体质监测应服务于“物质文明、精神文明、政治文明”建设，以马克思主义关于人与社会协调发展的理论作为指导思想，不断提高对国民体质是国家综合国力的基本内容和国民素质的组成部分的认识程度，进一步明确国民体质是社会发展水平和小康生活质量的重要标准，以普遍增强国民体质为目标，将“以人为本”的理念融入构建“国民体质监测服务体系”的工作之中。完善居民的体质监测体系，逐步实现由国家组织定期抽查到街道社区组织全员定期检查，及时公布体质监测结果，适时改变健身计划，调整相应措施，促进居民体质健康。

（六）体育政策制定服务

体育政策作为社会政策的一种，有其自身的规范性与特殊性。体育政策的制定体现了国家对体育运动的价值导向，体现了该历史阶段国家体育工作的重点，是对于体育工作全方位的设计与规划。体育政策的制定既要考虑公众的基本需求，也要注重部分主体的个体需求；既要保持竞技体育创先争优，又要兼顾群众体育百花齐放。这就要求相关单位在制定体育政策时，必须建立完善的监督机制、约束机制，使体育政策的制定能够真正地反映公众的利益，给体育的发展以正确的导向。

（七）体育保险提供服务

虽然我国体育大国的地位已经基本确立，但是体育保险服务作为体育产业的重要组成部分仍处于初级阶段。体育保险服务的内容主要包括：体育赛事保险、体育场馆保险、健身运动保险等。体育保险服务对于运动员的意外伤亡、体育场馆的经营管理、群众体育锻炼的意外伤害等均会提供相应的保障，对于确保体育市场安全、繁荣体育事业具有一定的现实意义。要通过转变观念、加强宣传力度、加强产品创新、加强人员培训、加强法规制度等途径，建立多元的体育保险服务为体育强国建设贡献力量。

二、体育公共服务的分类

体育公共服务是政府对公民基本体育权利的保障，是现代社会文明的标志，也是现代社会全面、和谐发展的基础。在传统思维中，体育公共服务是第三产业服务业中的免费部分，即最狭义的服务业。受众的全民性、需求的普遍性、供给的（政府）垄断性，交易的免费性、管理的政治性（作为政治任务来完成）构成了体育公共服务概念的应有之义。如果囿于这样的理解，政府就不能从体育公共服务唯一直接供给者的角色中脱身，非政府组织也就没有进入体育公共服务业的空间和动力。而事实上，在当代中国，公民庞大的、多元的体育公共服务需求，是单单依靠政府所无法满足的。体育社团、私人、企业必然在体育公共服务的后续发展中起到愈来愈多的作用。因此，依据体育公共服务供给主体的不同可分为单一供给主体体育公共服务和多元供给主体体育公共服务。另外，根据不同的分类标准，亦可以将体育公共服务进行不同的分类。依据体育公共服务对象的不同，可分为竞技体育公共服务、群众体育公共服务、学校体育公共服务。依据体育公共服务区域，可分为全国性体育公共服务和地方性体育公共服务。依据体育公共服务的经济性质可分为营利性体育公共服务和非营利性体育公共服务。依据体育公共服务的内容可分为健身设施服务、健身组织服务、体质监测服务、健身指导服务、体育活动服务、信息咨询服务、体育保险提供服务等。依据公民对体育公共服务的需求程度可分为基础性体育公共服务和选择性体育公共服务。

无论何种体育公共服务都应保证公民享有体育公共服务权利的均等化，努力维护与实现体育发展中的社会公平。

第三章　全民健身背景下构建公共体育服务体系的构想

全民健身是提高广大群众身体素质与贯彻终身体育目标的一项关键内容。就现阶段来说，我国全民健身事业呈现出良好的发展态势，公共体育服务工作获得了很多成果，如何有效构建全民健身背景下的公共体育服务体系成为各个领域学者深入思考的问题。本章在密切联系全民健身背景的基础上，对公共体育服务体系概述、构建我国公共体育服务体系的要点、我国公共体育服务体系构建面临的问题、我国公共体育服务体系的基本架构、我国实现公共体育服务均等化目标的路径探索展开深入阐析。

第一节　公共体育服务体系概述

一、公共体育服务体系的概念

截至当前，广大学者对"公共服务体系"认识还未达成共识，很多学者提出的观点为我们全方位地把握公共体育服务体系提供了参考。综合分析相关学者的研究成果能够发现，公共体育服务研究的核心性问题是公共体育服务的类型与结构，解决"是什么"的问题；而公共体育服务体系着重研究采取哪些措施充分整合体育服务资源，由此保证公共体育服务顺利运行，换句话说就是研究共同体育服务主体采取哪些方法向客体有效提供公共体育服务的问题。近些年来，学术界针对公共体育服务体系提出了很多种理论观点，最突出的问题是对公共体育服务体系的架构与外延存在歧义，绝大多数学者都认同构建公共体育服务体系的终极目标，即立足于多个层面反映公益性与政府的主导在政策制定层面、制度建设层面等的主导性作用，尽最大努力使人民群众的基本体育权益得到保障。为此，我们能够将公共体育服务体系界定为：向公民及其组织提供基本而有保障的公共体育服务为主要目的而构建的一系列有关服务内容、服务形式、服务机制、服务政策等的制度安排。最显著的反映是政府主导、社会参与和体制创新，该体系是需求体系、供给体系、保障体系、评价体系的综合体。由此可知，我们坚决不可以将公共体育服务等同于群众体育，也坚决不可以将公共体育服务和竞技体育理解成对立关系，我们应当在实践活动中深入探究，更加深刻地理解公共体育服务的特征与规律。

二、公共体育服务体系的特征

(一)系统性特征

公共体育服务体系是极为复杂的系统之一,主要包括供给系统、需求系统、保障系统和评价系统等。要想构建出高效、有序的公共体育服务体系,系统性的思考是相当必要的,在系统性思考的基础上组织和设计、管理、运行具体的环节。

系统性含义往往涉及三个方面的内容。第一个方面是整体性,公共体育服务体系是次序分明的系统组合,构建的主要目标是运筹与运作公共体育服务;第二个方面是联系性,联系性的突出反映是公共体育服务体系的子系统相互限制、相互渗透、相互转化、相互连接、相互依存;第三个方面是有序性,该体系的内容、结构、层次都有与之对应的服务方向,即不断满足人们的公共体育需求是加快系统实施速度的基本条件之一。由此可见,在构建公共体育服务体系时应当深刻认识到系统化建设的意义,对公共体育服务的内容、体系布局等方面进行科学规划,对现阶段的公共体育服务需求形成全方位认识,最终构建拥有多层次、多样化、网络化三项特征的供给系统,确保公众的各项权益不被侵害。

(二)公共性特征

“公共性”是公共体育服务体系最关键的一项特征,公共性主要包括以下四方面的内容。

1.利益取向的公益性

公共体育服务充当着当今社会公共服务的基本范畴,将全面实现公共体育权益为基本准则,尽全力达到社会效益最大化。

2.服务主体的公众性

作为公共体育服务单位,有责任向社会普遍提供大体上不存在差异的公共体育服务。任何一项公共体育服务措施,均需要向公众开放且不设置条件,对公众参与不同类型的活动持有接纳的态度,进一步挖掘公众的管理作用与监督作用。

3.服务供给的公平性

对于当今的每一位公民来说,他们都拥有享受基本公共体育服务的权利,当今政府有责任提供良好的公共体育服务,当今政府一定要向公众提供等同的接触与享受公共体育服务的机会。

4.资源配置的公有性

一般来说,当今社会的共同价值准则与主流意识形态导向往往会在公共体育资源内容中反映出来,公共体育资源应当充分符合体育层面的共同利益、根本利益、长久利益。达到公平和正义这两项要求的公共性是价值伦理中的一种,是从客观上要求政府最大限度地满足广大群众的实际需求,确保每一位公民均有参与权以及参与机会。除此之外,一定要深刻认识到公共舆论的监督功能以及批判功能,并将这两项功能摆在重要位置上。

(三)统筹性特征

统筹性就是公共体育服务体系建设目标的详细体现,这个目标旨在达到公共体育服务的均等化。“统筹性”指出公共体育服务体系应当将更多注意力与精力放置在顶层设计与谋篇布局两个层面,充分挖掘与运用政府的主导性作用,全面整合区域内部不同等级的公共体育资源,采取多种方式把各方面的力量聚集在一起,充分调动各个层面的优势,由此产生合力,最终构建出动态的公共体育文化系统。在推动体系化建设的过程中,应当做好“两个统筹”的相关工作,具体如下。

1.要统筹区域和部门的体育资源

要采取多种手段把国家公共体育服务体系的示范区设定成一个重要平台,想方设法达到行政壁垒最小化的目标,由此彻底打破体制障碍,促使不同部门、不同领域、不同系统积极协作,共同为达到公共体育资源共建和共享而努力,最终顺利实现利用效率最大的目的。

2.要统筹城乡体育发展

从本质上说,终极目标就是推动城乡体育发展的联动机制;合理分配城市地区和农村地区的公共体育资源,促使城乡公共体育服务资源的实际差距实现最小化,对城乡体育的发展产生积极影响。

(四)服务性特征

具体来说,公共体育服务是构成公共体育管理工作的一项重要内容,其是从侧面认可了公共体育管理者具备服务性特征。分析提供公共服务的各个环节能够发现,政府、公民、第三部门以及私人部门扮演的角色和发挥的作用有不容忽视的差异,各自的优缺点体现在不同领域。彼此的相互协作常常会由此形成很多层面相互协调、相互联动的形势,最终确保广大群众享受良好的公共体育服务。将公众当成导向的公共服务体制指出,公共服务应当想方设法从政府单项提供慢慢转变成公民和社会公共支配,即政府应当结合公民的实际需求来提供对应的服务,政府需要在考虑公民实际需求的基础上完成提供工作,政府没有自由处置的权力。

(五)保障性特征

构建公共体育服务体系必须确保全体公民都拥有除生存权之外的基本体育权利,最终确保公民相关的体育需求被满足。综合分析公共体育服务体系包含的子系统能够发现,财政保障系统、绩效评估系统、政策调节保障系统不单单对公共体育服务体系的可操作性、稳定程度、长久效果有很大作用,还直接影响着这个体系的存在效果,对该体系自我调整、自我修复、自我监控三个层面的整体水平都有提高作用。立足于全局来分析,保障性特征凸显了公共体育服务体系在制度、投入、参与、配置四个层面的实际特征,具体如下。

就公共体育服务体系的制度架构来说,其需要保证全体公民均具备平等享受公共体育服务的权利;就公共体育服务体系的财政投入来说,其需要保证全体公民均具备平等的公共体育服务方面的效果，由此增加社会成员拥有公共体育服务体系以外的选择，以尊重的态度认识和理解社会成员多元化选择。

(六)科学性特征

公共体育服务体系是一种相对科学的制度设计，科学性特征的突出反映是构建公共体育服务体系需要充分兼顾国家和地区的经济发展状况、社会发展状况以及体育发展状况，在此基础上构建出切实有效的管理体制与运行机制。公共体育服务体系是用于服务型政府治理的管理模式，从特定立场来分析应当自觉学习和借鉴现代管理技术，同时尽可能把技术实现过程中的规范化、标准化、公开化以及透明化反映出来。与此同时，我国至今还欠缺总体性的或者对应各个区域特征而产生的差异性的合理的体育投入指标体系。合理的投入指标体系需要涉及的内容分别是投入总额及其增长速度、投入总额占财政支出的比例及其增长速度、投入的各项构成。此类公共体育服务体系方可充当考核公共体育服务的投入、质量、效率与水平的关键量化指标。要想确保构建出的公共体育服务考评体系达到科学性要求，应当确定考核主体、考核导向以及关键考核指标，换句话说就是除政府考核主体以外，应当全面兼顾公众意见以及第三方机构意见，把公众需求当成重要导向，对发挥重要作用的考核指标进行确立与细分，由此构建出切实可行的指标体系。

(七)创新性特征

公共体育服务观念的创新是创新性特征的突出反映，换句话说就是公共体育服务逐步成为不同级别的政府都需要履行的职责之一，最终使成本、效率、公平实现统一。公共体育服务体系不单单是指单项性的政府体育职能，也并非是指单个政府体育部门独立行使主体职能的体育项目计划，反之是由于政府承担体育义务而设计制度上的自循环功能框架，是为了达到公共体育服务规范化等多项目标而采取的、旨在优化和创新各项制度的策略。首先，在制度上应当设法使政府从“管理型政府”慢慢演变成“服务型政府”，从根本上打破传统体制下政府单一主体的垄断供给局面，由此形成政府、市场组织、非营利组织相互配合、积极协作的大好局面；其次，加快管理创新的进程，立足于多个视角分析我国各地区的发展规划，借助多元化的措施达到体育规划创新先行的目标，最终产生明确可见的长久战略规划，对不同类型的公共体育服务资源实施合理整合，想方设法向广大群众提供满意的公共体育服务；最后，加大创新公共体育服务机制的力度，不仅要着力构建切实可行的公共体育服务运作的标准、原则、程序，还要构建责任追究和公共参与机制，最终进一步增加公共体育服务的创新深度。

三、公共体育服务体系的结构

(一)公共体育服务需求体系

对于公共需求来说，不是把社会各个领域的个体相加在一起，而是一般社会需求的抽象，而是确保社会存在并运行的一项条件。公共服务需求作为公共需要的一个构成部分，具体来说是广大群众在公共产品、公共服务上的公共需求。从很早开始，我国就在坚定不移地贯彻“自上而下”的管理体制，绝大多数政府管理者会联系自身认知去联想公众的公共体育服务需求，这是供给与需求出现偏差、各类资源遭到挥霍的一项重要原因。在不断贯彻落实公共管理改革和“以人为本”理念的大背景下，公共体育服务体制应当力争更加完善，即要设法从政府自上而下的硬性供给公共体育服务逐步过渡到广大群众和社会携手支配各类公共体育服务。

截至当前，公民体育权利的达成依旧是我国公共体育服务需求体系框架结构的功能支撑点，同时由此演变成政策层面的重要命题之一。基本的公共需求往往会借助公民权利的形式被法律确认，这充分说明公共体育需求基本上是在反馈中生成的，在充分表达与社会协商过程中方可被确定。然而，尊重公民体育权利的首要任务是尊重公民表达自身体育需求的权利和参与公共决策的权利。

在市场经济体制下，公共体育服务供给应当全面兼顾消费者在公共体育服务方面的实际需求，不然将难以实现公共体育服务最优供给的目标。需求表达往往会被视为公民参与政治或者管理的逻辑起点。要想确保政府提供公共服务的逻辑起点处于正常状态，就需要深入挖掘和发挥公众参与的作用，进而立足于多个层面表达公民的实际需求。对于公共服务领域来说，需求表达机制就是在特定的政治框架下，各类需求主体借助特定渠道直接或间接向政府说明自身的实际需求，通过博弈的方式对政策产生一定程度的作用，最终充分满足各方面需求的过程。公共体育服务结构是利用社会调查的方式，大范围收集公众的意见，由此构建出清晰明了的公共体育服务标准，对公众做出一些承诺，联系公众意见提出公共体育服务的具体内容与服务手段，如此就能从根本上把公众置于公共体育服务的关键位置。公众参与是促进公共服务过渡为公共需求导向的重中之重。立足于政府层面分析，不仅要大力拓宽公民的参与渠道、进一步增加制度建设力度、保证政府服务的全过程都存在具备规范化特征的公民参与途径，也要积极开展针对政府公务人员的道德教育活动，进一步增强政府的责任意识以及针对公民参与的回应性，由此为实现公民参与提供重要保障。就公民而言，则需要加大对自身综合素质的培养力度，大体提升公民的参与能力和权利意识，从根本上增加公民的责任感。

（二）公共体育服务供给体系

在计划经济体制下，公共体育服务供给的有效性常常会落实到行政系统自上而下的管理。自改革开放起，公共体育服务消费超额性不单单让广大群众有意愿通过市场购买公共服务，还增加了营利组织提供公共体育服务的积极性，并由此得到预期收益。可以肯定的是，政府利用税收优惠等诱导性政策激发企业有效供给公共体育服务，能够把公共体育服务市场供给的主动性充分激发出来。但是，市场供给设法达到利润最大化目标的过程中，多数情况下无法把效率与公平都兼顾在内。市场与政府两个方面的失灵，最终导致非营利组织参与公共服务的提供层面往往能够弥补这两个方面的不足之处。对于志愿组织“志愿失灵”的现实情况，以往彻底认可志愿组织的情况被彻底打破。一般来说，志愿组织会通过政府委托等方式向各个社会领域提供公共体育服务。在个别状况下，非政府组织的组织行为会摆脱志愿性公益机制，进而出现资源配置效率地低下、价值取向公共性的情况，最终结果是无法充分满足社会不同层面的需求、无法及时提供公共产品和服务，出现功能和效率方面的不足也就在所难免。

公共服务是一个比较复杂的系统，产生这种现象的主要原因是自身结构、参与关系、供给方式、社会环境四个层面相对复杂。针对这些层面的复杂性，公共服务供给中往往会不定期地形成各类机制的混合。对于公共体育服务供给体系来说，不单单要把广大群众的体育权益、公共体育服务方面的实际需求考虑在内，也要保证公共体育服务的生产环节始终处于有序的状态，此外要在全面分析供给对象需求特征以及行为方式特征的前提下，选择并运用效果最显著的手段，最终使公共体育服务实现最优供给。因此，体现效率与公平的公共体育服务供给体系必然会演变成为我国构建和谐体育不可或缺的内容之一。

在经济领域和社会领域自组织力量越来越强大的背景下，公共体育服务供给过程慢慢转换成政府、市场、第三部门与私人部门等各类角色构建的合作网络。公共体育服务的所有供给主体均难以把广大群众的实际需求、兴趣爱好、利益诉求都准确无误地呈现出来，往往会因为个体价值判断使供给结果与需求目标难以全面统一。为此，政府必须设法组建公共体育产品供给多元主体之间的对话合作机制，在权利分享过程中注入巨大的生命力，由此尽早构建出公共体育服务供给联合体；政府要确保构建出的机制达到合理性要求，由此扩大私人部门的社会影响力，适当提高政府补偿力度，确保非营利组织获得资金扶持，带动非营利组织自觉成为公共体育服务供给的参与者，确保公共利益得到满足；推动公共体育服务的市场价格形成机制并朝着更加优化的方向发展，对限制各主体市场利益最大化的冲动形成制约，为我国每一位公民拥有各项权利提供保障。

（三）公共体育服务保障体系

1.组织保障体系

以公共体育服务的复杂性为基础，从根本上说公共体育服务组织保障体系就是指有效组合与协调的活动，主要目的是产生适宜的公共服务组织结构，在最短时间内达成组织目标，为公共体育服务组织的生存和发展奠定稳固基础。组织结构的复杂性可以从三方面衡量：横向、纵向和空间。纵向的复杂性是指层级的数量；横向的复杂性是指横向跨越组织的部门和工作的数量；空间的复杂性是指组织结构要素在地理位置上分布的数量。因此，公共体育服务组织保障体系除了纵轴结构与横轴结构外，还应具有空间轴结构，即形成政府组织、非营利组织、私人组织以及各种公共体育服务机构在地理位置上分布的空间轴结构。

2.政策法规保障体系

就当前而言，法律、法规、部门规章条例是我国政策法规体系的主要构成部分。在我国实现公共体育服务均等化的各个环节，法律体系需要立足于纵向的角度为整合政策与法规注入动力，全面清除无法适应公共体育服务均等化原则的法规、规章、政策，设法把相对完善的政策与法规升级成基本法律，由此增加权威性与统一性。公共体育服务社会化改革需要贯彻和落实相应的法规与政策，明确划分并保护私营部门的投资权、经营权以及收益权，最终确保制度激励达到可行性要求。对于公共服务市场化法制建设而言，需要完成的第一项任务是从过去侧重于“管制”过渡到维护市场平等权利，由此推动政策自觉成为构建优质环境的主体；然后从“允许”性规定过渡至“禁止”性规定；最后从侧重于借助行政性规章与文件转变成充分融合法律授权，为“权利本位”过渡到“责任本位”提供保障。

3.财政保障体系

受行政化资金拨付与使用手段的双重影响，运用公共体育服务财政资金的过程中往往未能达到决策科学性的要求，应当采取的措施如下。

(1)要从根本上加快建设公共服务型政府的速度，带动公民积极参与到相关公共体育服务供给过程中，促使各级政府的财权划分与事权划分更加合理有序，通过多种途径消除财权和事权及配置不对称对公益性体育事业发展带来的负面作用。

(2)应当大力优化财政政策，进一步扩大国家财政投资规模，主动引入社会资本，促使公共体育服务供给机制得到有效优化。

(3)进一步优化和革新财政体制，促使地方税收体系更加丰富，促使财政收入渠道朝着规范化方向发展，为政府提供公众满意的公共体育服务发挥保障作用；推动中央与地方的事权更加清晰可见，提高财力与事权相互匹配的财税体制的实际效果；促使中央财政更好地执行针对地方的转移支付制度，促使财力性转移支付的实际比例获得大幅度提升，最终有序地落实纵向转移和横向转移充分融合的模式。

(4)加快实施城乡公共服务均等化的财政制度。科学构建财政投入增长机制，设法使公共财政对农村公共体育服务的实际范围获得大面积拓展，努力确保农民享有的公共体育服务和城市居民享有的公共体育服务实现均等。

4.信息保障体系

信息保障体系就是一个国家或地区和不同种类的信息资源中心进行联合，把统一的规范当成重要依据，更加协调地完成信息资源的收集工作、整理工作、存储工作、开发工作以及利用工作，由此使得社会对信息资源需求的体系得到尽可能满足。对于公共体育服务信息保障体系而言，第一步是明确信息机构的定位与机构存在的具体联系、各自的运行基础、资源以及服务对象；第二步是应当严格遵循资源共建共享的原则，采取多种途径落实本机构信息资源的专业化建设和特色化建设，由此构建出跨系统、跨部门的信息工作协调机构，在各个层次组织和协调信息资源的共建和共享；第三步是在保障用户正式沟通渠道处于畅通状态的情况下，采取多种途径疏通并扩展其他信息交流渠道，高质量完成对知识创新信息的开发工作与利用工作，科学构建多渠道信息沟通网，进一步加大建设体育服务信息化的力度；第四步是信息权益保障制度建设应当制定出和信息资源开发与服务等有关权益保护存在关联的法律和法规，构筑拥有可操作性特征的信息服务权益监督体制，对信息服务的经营权、竞争权、开发权以及产权采取保护措施，进而使信息权益保护的主动性得到大幅度提升，有效规避侵权行为。

（四）公共体育服务评价体系

从根本上说，公共体育服务评价就是公共体育服务的绩效评估。绩效评估是一种涉及多个层面的质量管理工具，基本目标是回答组织或个人采取哪些措施行动，有没有达成事先设定的目标，接受服务的对象满意度如何，总体行动有没有处在可控范围内，需要优化和改善的地方分别是什么等。毋庸置疑，公共体育服务的绩效评估需要立足于法律层面，承认并保障公共服务评价机构在开展公共服务评价过程中不受任何组织或个体的干扰与影响，保证各项评价工作始终在法律制度化框架中运行，同时在认真落实公平和效率价值准则的前提下，运用最高效的手段追求公平。详细来说，公共体育服务评价体系一定要明确并处理好以下几个方面的问题。

1. 公共体育服务绩效评估的内容

公共体育服务绩效评估的内容就是评估什么。在绝大多数情况下，绩效不单单是指衡量结果和过程，还是指衡量提供方的努力程度以及接受方的满足程度，所以说绩效是拥有综合性特征的范畴，具体涵盖“过程”和“结果”双重内涵，过程和结果之间的关系是前者产生后者、后者体现前者。由此可知，公共服务绩效评估就是公共服务评估主体参照具体的政策以及运用特定的评估技术方法来评估公共服务生产者，换句话说就是评估供给主体提供的公共服务的数量、质量、效率、公平性以及满意度等。

就公共体育服务而言，绩效评估对象就是公共体育服务的提供者和产品；就过程而言，绩效评级对象主要是指投入有没有满足经济性要求、过程有没有达到规范性要求和合理性要求；就行为结果而言，绩效评估主要涉及产出和投入相比有没有效率，最终的行为成果有没有实现既定目标，这里的影响主要涉及经济层面的影响和社会层面的影响，联系绩效评估的内容，我们认为公共体育服务绩效评估应当兼顾的内容分别是投入和产出的效率、效果和公平性、公众的满意情况。

2. 公共体育服务绩效评估的主体

公共体育服务绩效评估的主体是指由谁来评估，最重要的问题是公共体育服务绩效评估中的评估主体选择。公共体育服务评估主体的构建是公共体育服务绩效评估的重要部分，和公共体育服务评估的合法性与有效性存在尤为紧密的联系。分析我国公共体育服务评估的整个过程就能够发现，常见问题分别是单向性问题与不平衡性问题，多数情况下会密切关注政府内部评估、忽视社会公众与相对人的参与情况。在实践过程中，多元化的评估主体，尤其是外部评估主体的作用并未获得全方位认识。在政府组织互动程度与开放程度持续增加的背景下，找准时机引进多元化评估主体，特别是外部的评估主体，一定有助于公共体育服务绩效评估体系的优化和完善。虽然公共体育服务评估主体具备多元化特征，由政府评估、公众评估和第三方评估三个部分组成，但服务使用者公民的感知评价在公共体育服务评价中发挥着不可替代的作用。详细来说，公共体育服务内部评估主体不仅包括传统的上级领导部门和组织人事部门，而且也包括内部的广大员工以及其他相关部门；而组织外部的评估主体，则包括各种社会团体、专业人士、新闻媒体以及更加广泛的社会公民。

3.公共体育服务绩效评估的方式和方法

简单来说，公共体育服务绩效评估的方式和方法就是指如何评估，即在公共体育服务绩效评估中怎样确定衡量标准、怎样全面运用评估手段。以绩效评估的性质为依据，能够将公共体育绩效评估的手段划分成定性评估与定量评估两部分内容，具体如下。

(1)定性评估

定性评估就是评估中心针对公共体育服务绩效实施质的鉴别以及确定具体的等级，绝大多数情况下会采取评审手段。由于定性评估的构建基础是评估主体主观印象以及经验基础，所以时常会受到评审者主观因素以及外界因素的双重干扰。

(2)定量评估

定量评估就是针对公共体育服务展开量的鉴别与等级评定，多数情况下是在准确测量的前提下，正确应用统计和数学的方法对得出的数据加以整理与分析。由此可知，公共体育服务绩效评估一定要把定量分析与定性分析有机结合在一起，单方面的定性分析往往会增加出现偏差的可能性，单方面的定量分析难以针对完善公共服务提出切实可行的评价意见。与此同时，公共体育服务绩效评估指标体系有无达到合理性和科学性的要求，往往对评估水平以及评估质量有决定性作用，有必要构建一整套达到科学性要求的公共体育服务评估模型，正确完成针对评估指标与评估权重的设计工作，采取多种途径促使评估达到可操作性要求，坚持修正和优化绩效评估指标体系。

第二节 全民健身背景下构建我国公共体育服务体系的要点

在全民健身背景下，我国公共体育服务体系有必要开展创新改革活动，这不但是满足公众健身需求的必要措施，而且是推动我国体育事业可持续发展的必然要求。全民健身背景下构建我国公共体育服务体系的要点如下。

一、宏观政策层面的要点

(一)明确政府在公共服务体系中的地位与职责

在广大群众积极参与健身活动的大背景下，我国政府要设法把“全民体育”等主导性思想融入公共服务工作中，从思想上认识到公共体育服务在实现全民健身目标过程中发挥的作用。对于地方政府而言，不仅要密切联系当地的体育发展状况，也要站在多个视角掌握广大群众参与体育的相关信息，将不同层面的信息定位成提供公共体育服务的参考。与此同时，相关人士应当科学制订不同时长的公共体育服务体系建设计划书或者目标任务书，进一步强化对制订计划和实现目标的监督工作和管理工作。除此之外，因为公共体育服务和很多方面都存在密切联系，所以包括政府体育部门、城建部门以及教育部门在内的多个部门都应当相互协作、及时沟通，所有部门都应当对各个部门在公共服务体系建设过程中的权利和义务有清晰的认识。只有贯彻落实这几方面的措施才能实现政府效能最大化。

(二)充分发挥非营利组织与营利公司在公共体育服务体系中的作用

在对公共体育服务体系加以完善的过程中，单方面调动政府部门的作用难以获得理想成效，和体育相关的非营利组织以及营利公司产生的作用也是不可或缺的。从这个角度来分析，非营利组织与营利组织都有不可替代的作用。因此，政府有必要积极提倡这两类公司自觉参与完善和革新公共体育服务体系的参与者，专门制定适宜非营利组织以及营利公司的相关支持政策。把政府内部的相互协作、密切配合设定为比较对象，政府、非营利组织、营利公司应当努力使彼此间的协作达到社会性要求，公众对其更加了解，这对公众肯定政府公共体育服务工作有很大的积极作用。

(三)促进城乡公共体育服务均衡发展

就当前来说，我国大型城市是公共体育服务的主要聚集地，部分省会城市的公共体育服务在近些年同样获得了很多发展成果，但部分小型城市、乡镇、偏远地区的公共体育服务依旧需要改善。全民健身的主体是全国人民，旨在促使全国人民都拥有强健的身体。由此可知，政府应当尽可能把公共体育服务落实到我国所有地区，促使全体国民的体质和健康水平得到大幅度提升。着眼于实践活动中，政府应当采取多种措施促使城乡公共体育服务的发展处于均衡状态，把工作重点逐步从公共体育服务水平较高的地区转移到公共体育服务水平有待提升的地区，从根本上落实“走下去”“深入进去”，在人力、物力、财力三个方面提供支持。在制度层面，政府应当制订出清晰明了的城乡公共体育服务均衡发展计划，每一项任务都落实到对应的责任人身上，严格监督和管理责任人的工作，缩短实现我国城乡公共体育服务均衡发展目标的时间。

二、体育设施层面的要点

（一）配置结构协调的公共体育设施

体育设施不仅是实现全民健身目标的载体，还是发展全民健身活动的载体，也是政府公共体育服务工作中的重要内容之一。政府应当和社会调查企业相互协作、相互配合，高质量完成关于大众体育健身情况的调查工作，应用广泛的调查工作依次是广大群众参与体育健身的年龄结构、项目种类、时间、地点等内容。就现阶段来说，我国一些省市现有的体育设施类型比较单一，主要使用群体是老年人。全民健身主要针对青少年与儿童，并不是老年人。但是，当前不存在能够基本适应青少年与儿童体育需求的公共体育设施，能够满足青少年和儿童体育需求的公共体育设施往往会受很多项因素的影响，最终造成健身成本大大增加。针对这种情况，政府应当及时优化现阶段的公共体育设施配置方案，适度加大青少年和儿童公共体育设施的配置比例。作为政府，应当自觉建造一大批青少年体育活动中心，尽最大努力满足青少年和儿童的体育需求。

（二）开放学校体育场地

学校的社会的组成部分之一，是向学生传授体育健身意义以及终身体育理念的重要阵地，能够有效推动我国全民健身目标的达成。近些年来，我国很多学者都深入探究了学校场地对外开放问题。截至当前，我国许多学校的体育场地呈对外开放的状态。就公共体育设施偏少的地区来说，学校体育场地对外开放有助于调动公众参与体育健身的积极性。政府应当大力倡导学校体育场地对外开放，把学校体育场地列入公共体育服务体系中，此外向学校赋予特定的权利和义务。需要补充的是，在学校场地对外开放的过程中，学校应当积极制定切实有效的管理制度，谨记学校体育场地对外开放的目标是推动全民健身进程、完善公共体育服务，并非是获取利益。

三、体育宣传层面的要点

在全民健身背景下，体育宣传方面的工作应当从以下两个方面着手。

（一）加大对体育健身文化的宣传力度

在广大群众积极参与健身活动的背景下，政府应当主动加大对体育健身文化的宣传力度，在确保文化形态的前提下推动公众参与体育健身的思想始终平稳，由此使得公共体育服务体系朝着更持久、更稳固的方向发展。分析现阶段的实际情况能够发现，政府宣传全民健身以及公共体育服务的常用措施是传统媒体宣传以及基于互联网的网站宣传。在宣传过程中，政府有责任保证所有宣传信息客观、全面、真实。政府应当采取不同措施让公众精准掌握我国政府公共体育服务工作的有关内容，鼓舞广大群众通过多个渠道反馈问题、提出意见，由此引导公众演变成公共体育服务体系构建活动的参与者。在互联网迅猛发展的当下，政府应当主动顺应“互联网+”的发展走向，深层次剖析和探究“互联网+公共体育服务”，借助微信、微博等增强政府和广大群众的联系，和广大群众就开展公共体育服务的相关工作进行沟通和探讨，及时发现并解决相关问题。

（二）举办体育竞赛

体育竞赛可以对体育健身价值以及体育文化实施大范围宣传。就近几年来说，我国运动员先后在很多大型比赛中获得了优异成绩，这不仅有助于我国开展全民健身活动，也有助于我国政府更加高效地构建公共体育服务体系。我国各级政府应当紧紧抓住历史机遇，积极组织和开展各类全民体育竞赛，由此对公共体育服务工作产生辅助作用。调动各方面的资源举办全民体育竞赛，不仅对广大群众提高自身的体育竞技水平有积极作用，还对营造出全民体育的良好氛围有积极作用。对于体育竞赛举办地而言，政府应当就举办体育竞赛获得优异成绩的城市专门制定相关的措施，促使这些城市逐步发展成以体育竞赛为基础的旅游地，促使当地体育产业蓬勃发展。

第三节　全民健身背景下我国公共体育服务体系构建面临的问题

近些年来，我国公共体育服务供给能力与水平持续提升，但政府提供的公共体育服务能力要比国民体育需求的增长速度慢，政府提供的公共体育服务能力的受益范围、公平性以及均等化程度都需要进一步提升。以欧美发达国家、日本、韩国为比较对象，我国公共体育服务体系建设依旧有比较显著的差距。分析《全民健身计划纲要》实施的目标可知，全民健身背景下我国公共体育服务体系构建面临的常见问题包括以下几个方面。

一、群众日益增长的多元化体育需求与体育资源之间的矛盾突出

这方面问题的突出反映是公共体育设施资源较少和国民体育健身活动需求较大的矛盾；体育经费不足和国民体育健身活动需求较大的矛盾；社会体育指导员短缺与国民体育健身活动指导旺盛的矛盾；公共体育信息短缺与国民体育信息需求旺盛的矛盾；公共体育服务科技指导短缺与国民科学健身需求旺盛的矛盾；体育健身运动处方少而不普及与国民体育健身需求旺盛的矛盾；公共体育服务健身游憩空间匮乏与国民体育健身需求旺盛的矛盾。

二、公共财政投入与公共体育服务的不足

就当前来说，虽然我国公共财政对体育事业经费投入的绝对值在持续增加，但体育事业公共财政投入占GDP及公共财政支出的比重却非常低，由此使得体育公共财政投入到了能够忽略不计的程度。和西方发达国家相比存在很大的差距。国外发达国家与地区的实践经验证实，公共财政投入在构建公共体育服务体系中发挥着至关重要的作用。

三、构建公共体育服务体系的过程中面临很多失衡问题

我国公共体育服务法制保障有待优化，公众体育服务需求发展矛盾突出，是导致公共体育服务与管理体制以及运行机制出现失衡的重要原因；在公共体育服务滞后和国民体育服务需求发展矛盾突出的双重影响下，政府需要承担的保障国民基本体育权益的责任和提供基本体育公共服务的力度出现失衡；基层体育队伍基础薄弱和基本公共体育服务任务繁重的矛盾日益凸显，由此使得公共体育服务的行政组织系统和社团组织发展出现失衡；政府管理公共体育服务力度不够和全民健身任务艰巨的矛盾突出，使得公共体育服务基础设施建设、组织建设、人才队伍建设、网络体系建设发展出现失衡。

政府管理公共体育服务力度不足与全民健身任务重大的矛盾突出，造成公共体育服务基础设施建设、组织建设、人才队伍建设、网络体系建设发展不平衡。

四、公众对公共体育服务质量满意度低

公众满意度不但是检验公共体育服务的终极标准，而且能够充当检验公众体育权利保障和体育公共利益维护效果的重要标准。有关公众对公共体育服务质量的满意度调查发现，我国很多省份不同职业（社会阶层）人群对公共体育服务质量满意度的评价整体偏低。

第四节　我国公共体育服务体系的基本架构

对于我国公共体育服务体系的构建工作来说，不但是全面贯彻落实《全民健身计划纲要》实施的一项关键内容，而且是全面贯彻落实《“十四五”体育发展规划》的关键性内容。在持续贯彻落实《全民健身计划纲要》和《“十四五”体育发展规划》的过程中，国民针对公共体育服务优质、多元选择性倾向越来越显著，所以在客观层面提出了提高我国公共体育服务体系整体质量的要求。因此，在《全民健身计划纲要》实施目标下，应当从根本上提高公共体育服务供给能力和水平，构建完善的公共体育服务保障体系，自觉把公共体育服务保障体系的供给系统、享用系统和监管系统等当成考察工作的着手点，如此才能更加全面地理解和掌握我国公共体育服务体系基本框架的要点。

我国公共体育服务体系的基本架构是由很多个存在练习的系统构成的综合体，这里着重分析构建我国公共体育服务体系基本架构过程中需要高度重视的问题，具体如下。

一、厘清政府、社会和市场三者关系

我国公共体育服务体系的供给系统是借助政府主体供给、社会参与供给、市场运作供给

等方式完成公共体育服务资源的配置工作，同时向国民提供良好的公共体育服务。为此，在构建公共体育服务体系的供给系统时，一定要先厘清政府、社会以及市场三个层面的具体联系，如此才能确保政府、社会、市场充分参与到构建我国公共体育服务体系供给系统的运作工作中，具体如下。

第一，构建公共体育服务体系是一项尤为繁重的工作，一定要把我国的国情、社情以及民情的发展情况当成出发点，合理设计且综合考虑，在此基础上高质量完成崭新的制度安排。政府应当立足于战略高度探究构建公共体育服务保障体系的发展规律，始终把满足城乡居民体育需求当成一项重要任务，促使我国公共体育服务体系的基本架构更加健全，进一步扩大公共体育产品与服务的供给，进一步加快构建我国公共体育服务体系的速度。

第二，构建我国公共体育服务体系的基本架构是一项尤为关键的社会系统工程，必须要有社会各界的全面投入和积极参与，不然将无法达到构建公共体育服务保障体系的目标。

第三，构建公共体育服务体系的基本架构是一项尤为艰巨的任务，所以充足的体育资源是必不可少的，只调动政府力量和社会力量是远远不够的，市场的运作供给同样是不可或缺的，由此才能产生政府宏观调控、各社会阶层踊跃参与、市场运作积极分享文明成果的良好互动关系。

第四，构建良好的公共体育服务体系的供给系统需要全面发挥政府、社会以及市场的优势，具体如下。

由于政府在政策管理、规章制度、保障平等、保障服务的连续性和稳定性以及保持社会参与的凝聚力和市场运作的秩序等方面具有权威性。因此，政府应当把针对市场的培育功能、规范功能以及监管功能发挥得淋漓尽致，立足于体制与政策、人才发展、体育基础设施改进和公共体育服务转型等方面，带动市场运作、事业单位和社会组织等各利益相关者共同加快公共体育服务体系的构建速度。

在参与公共体育服务体系的供给系统时，社会拥有比政府和市场运作更加灵活的方式。社会成为公共体育服务体系供给的参与者有助于提升供给效率，这能够增加公共体育服务和民众体育公共服务诉求相互沟通的机会。政府需要全面运用和落实《全民健身计划》的成果，调动并整合来源于社会各个方面的力量，推进公共体育服务体系的构建进程，自觉承担政府转移公共体育服务的职能，确保政府与市场提供公共体育服务的缺陷得到弥补。

就市场运作来说，不但能使我国公共体育服务供给短缺的问题得到缓解，而且能使融资渠道更加多元化。市场运作在创新和推广成功经验以及适应瞬息万变的崭新时代背景等方面拥有更加显著的优势。然而，政府应当严格遵循市场运作的基本原则，准确划分市场和政府应当承担的责任，对于市场运作不足的领域应当适度加大市场化运作的力度，对于需要进一步完善的则需要政府重新承担相应的责任。促使政府、社会、市场三方面的积极参与，将这“三驾马车”的作用发挥得淋漓尽致，革新公众与政府社会、市场之间的联系与交往方式，准确定位政府、社会以及市场在公共体育服务体系供给系统中的均衡点，最终产生政府、社会、市场相互结合、优势互补的有效公共体育服务体系的供给机制，由此使得公共体育服务体系的供给效率得到大幅度提升，最大限度地满足城乡居民体育服务发展的各项需求。

二、整合有关公共体育服务体系基本架构的资源要素

城市、城乡接合部、农村三个享用系统是把我国实际国情定位成出发点，在密切联系我国各个地域公民的公共体育服务需求的基础上，合理整合包括公共体育基础设施服务和公共体育机构服务在内的各类资源要素，同时高质量完成针对社会体育资源的统筹工作、组织工作、协调工作以及配置工作，向国民提供具有基础性作用的公共体育产品服务以及公共体育服务，进而对国民体育权利的达成发挥保障性作用。政府应当把全体公民的公共利益设定为构建我国公共体育服务体系基本架构的出发点，集中精力在公共体育服务的立法、基本体育公共服务的提供、公共体育服务的多元化供给、公共体育服务的监管、公共体育服务资源的开发和深化体育管理体制改革等层面产生主导性作用，如此方能进一步优化我国公共体育服务保障体系，促使公众的多样化体育需求得到满足。

三、构建强有力的监督管理机制

我国公共体育服务体系基本架构的构建工作和常见的体育服务存在很大不同，要想保证构建的基本架构达到公平性、公益性以及便利性的要求，一定要构建切实有效的监督管理机制，至少应立足于政府监督系统、社会监督系统、绩效监督系统和质量考核监管系统四个方面构筑相对完善的监督管理体系，由此使得公共体育服务的供给效率以及服务质量获得大幅度提升，最大限度地满足国民在公共体育服务方面的多元化需求，最终达到增强国民体质的目标。

第五节　全民健身背景下我国实现公共体育服务均等化目标的路径探索

一、全民健身公共体育服务均等化的内涵

对于全民健身公共体育服务均等化，可以从以下两个方面理解。

第一，政府运用公共资源，尽最大努力满足公众在体育健身层面的公共需求，向广大群

众提供基本统一的体育健身公共产品和服务。

第二，广大群众能够享受基本统一的体育健身服务。就理想状况来分析，政府提供的体育健身公共产品以及服务和广大群众得到的体育健身公共产品以及服务是殊途同归的，但只从一个角度来分析，即仅分析全民健身公共体育服务均等化的实现目标来说，广大群众能否均等地获得全民健身公共体育服务是相当关键的，所以全民健身公共体育服务均等化的内涵体现在三个方面。

（一）全体公民享有基准的体育健身服务

全体公民对体育的理解，一般会在参与不同形式的体育活动，深入了解体育的健康功能、教育功能以及社会功能的过程中不断发展。体育健身在充当公民体育需要的同时，还会慢慢转换成人权，充当人权的体育权已经获得联合国以及国际奥委会的认可，自由、平等、不歧视同样是体育权利的关键性基础。体育权利作为一项人权，是任何一个个体都享有的权利，所以有必要制定一条底线来发挥保障作用，同时规定禁止任何人突破。全民健身公共体育服务均等化能够为公民拥有体育权利提供保障，社会各界应当致力于向每一位公民提供基础性的体育健身服务，进而保障全体公民都享受基准的体育健身服务。

（二）全体公民享有均等的体育健身机会和服务过程

虽然不同个体在多个方面都有或多或少的不同，但任何一个个体都享有同等机会接近体育，都能够平等地享受体育健身服务。全民健身公共体育服务是指政府利用各类公共资源对全民健身活动实施的一类行为，应用的公共资源本来就具备公共性特点，所以其所作为的结果——向广大群众创造体育健身的条件且提供体育健身服务的过程应该对任何人都是均等的。深入探析现阶段的实际状况能够发现，个体享有体育健身机会的不均等常常会由此引发群体体育健身机会的不均等，全民健身公共服务的差距在我国城市与农村之间、不同区域之间反映得十分明显。

（三）全民健身公共体育服务均等化不是全民健身公共体育服务供给的平均化，更不是严格意义上的结果均等

对于全民健身公共体育服务均等化来说，尤为重视政府在兼顾我国国情的前提下，在基准水平上为公民提供合理范围之内的健身服务。这里提及的基本国情分别是指社会发展水平等多项内容，所以说在贯彻落实全民健身公共体育服务均等化的过程中相当重视在基准的健身服务上创造平等的体育健身服务机会以及过程。由于个体之间一直都有不同，因而个体在享有均等的体育健身服务机会和过程之后常常会形成不完全均等的结果，所以全民健身公共体育服务的结果仅仅是基本均等，并非是完全均等。

二、我国全民健身公共体育服务均等化的现状

全民健身是我国体育事业的一项关键内容，在群众体育事业发展中拥有尤为深远的意

义。国家与政府都在全面推进全民健身事业的发展进程，致力于通过贯彻落实全民健身计划纲要、大力开展全民健身工程来确保所有社会公民均可以共同享有全民健身公共体育服务。然而，受我国经济社会和体育发展整体水平有待提升和发展态势不均衡等多重影响，全民健身公共体育服务不均等的现象比较常见，最突出的问题分别是全民健身公共体育服务基本标准缺失、区域与城乡之间全民健身公共体育服务差距过大。

（一）全民健身公共体育服务均等化基本标准的缺失

全民健身公共体育服务均等化基本标准就是政府利用公共资源确保全体公民都拥有最低的全民健身公共体育产品与服务。换句话说，能够让全体社会公民都享有基本标准的全民健身公共体育服务不但是保障公民体育权利的关键性基础，而且是达成全民健身公共体育服务均等化的重中之重。

一直以来，虽然开展全民健身活动以及发展全民健身事业都在我国摆在重要位置上，但截至当前也没有形成有关全民健身公共体育服务的基础性标准，和全民健身公共体育服务存在关联的多项问题越来越突出。

（二）全民健身公共体育服务区域之间的不均等

我国幅员辽阔，在自然资源与社会发展历史的双重影响下，我国东部地区和西部地区乃至一个省的不同区域在经济社会条件上往往存在很大差距。尽管我国东部地区和西部地区的差距问题已经得到各级政府的重视且正在采取相关措施，但短时间内依旧无法彻底解决我国东部地区和西部地区区域经济社会发展的差距问题。

与此同时，我国全民健身公共体育服务区域不均等现象也尤为突出，各地体育事业费用总支出就是这种现象的突出表现。尽管难以得到各地区体育事业费用中全民健身公共体育服务的详细比例与数额，但联系我国各地体育彩票公益金能够用到全民健身公共体育服务的差距更加巨大，同时我国东部地区和西部地区接受社会体育捐赠的差距尤为悬殊，即便我国实施“雪炭工程”和“民康工程”等措施来发挥平衡作用，但我国东部和西部在全民健身公共体育服务资金的使用方面依旧存在显著的差距。

除此之外，我国东部地区和西部地区在全民健身体育指导员的人力资源分布上同样存在很大的差距，具体表现在体育指导员的数量与比例上。

（三）全民健身公共体育服务城乡之间的不均等

综合分析世界各个国家的城乡发展发现，任何一个国家都难免会出现城乡差异问题，如何协调并优化城乡关系、如何加快社会和谐发展的速度已经成为很多国家的重要课题。自新中国成立开始，我国部分政策与制度设计加大了城市和农村之间的差距。有学者提出，调整城乡家庭收入统计、计算隐性补贴之后的城乡差距越来越显著。

城市和农村在公共服务方面存在的差距还体现在全民健身公共体育服务中，城市和农村在场地设施建设等多个方面都有不容忽视的差异。立足于多个层面探究农村基层体育组织管理机构可以看出，许多政府都没有将体育工作放在政府工作计划中，一些乡镇没有清晰说明具体机构专门负责的体育工作。虽然我国一些省份的农村基层体育组织在朝着越来越优化的方向发展，但仍然有一些农村基层体育组织未能组织和开展相关活动。就近几年来说，我国始终在关注农村全民健身发展速度迟缓的问题，同时采取了多项策略，相继成立了许多农民体育健身工程项目，这对我国城乡全民健身公共体育服务场地的不均等问题有或多或少的缓解作用。

三、全民健身公共体育服务均等化的模式选择

在现代汉语词典中，模式被解释成某类事物的标准形式或者可供人们照着做的标准样式。尽管该定义从抽象层面看难以让人满意，原因在于模式在各个学科的应用难免和这个定义存在或多或少的不同，但模式具备的内容、抽象、示范特征尤为显著。全民健身公共体育服务均等化是公共服务的下位概念，但同样应当严格遵循公共服务发展的一般规律，所以说公共服务均等化模式对全民公共体育服务均等化模式存在一定程度的参考价值。

实现公共服务均等化的模式可以被大体划分成两种类型，分别是公共财政角度和公共服务角度。详细来说，公共财政是国家掌握的重要公共资源，对达成公共服务均等化发挥着支配性作用，原因在于社会成员公共服务最终都要依托政府公共财政收支能力获得满足，公共服务的满足在一定程度上转变成公共财政支出需要与收入能力的协调，在达到人均财政收支均等的状况下即可实现公共服务均等化目标。公共财政均等化模式分为财政支出需求均等化模式、财政收入能力均等化模式和财政收支均等化模式，加拿大公共服务均等化就是实行财政能力均等模式，澳大利亚则实行财政支付能力和财政需求能力均等模式。

公共服务均等化的另外一种模式是直接着手于公共服务的供给，也能够划分成公共服务标准化模式、基本公共服务最低公平模式。详细来说，公共服务的标准化模式是指中央和上级政府制定公共服务设备、设施和服务的统一标准，并按标准进行公共服务的供给，该模式适用于较小地域范围和较易标准化操作的公共服务。公共服务的最低公平模式是指在一定基准公共服务的基础上使全体公民均等地享有公共服务，其能够把政府间职能分工和经费保障有机结合在一起，通常涉及多样性、等价性、集中再分配、位置中性、集中稳定、溢出效应纠正、基本公共服务最低供应、财政地位平等等原则。尽管把公共服务设定成切入点，深层次分析公共服务均等化依旧需要政府采取公共财政转移支付手段完成，但公共财政均等的最终归宿依旧需要公共服务内容的均等反映出来。换句话说，公共服务均等化并非只局限于公共财政的均等，公共财政均等仅仅是完成公共服务均等目标的一种方式，公共财政向公共服务转换，成本高的国家和地区把主要精力集中在公共服务上往往更加重要。

我国全民健身公共服务均等化模式应当选用最低公平模式的主要原因包括以下几点。

（一）我国经济社会和体育发展水平有待提高、城乡和区域发展差距悬殊的实际情况，使得我国全民健身公共体育服务有必要制定且仅可制定比较低的标准。倘若不及时制定我国全民健身公共体育服务的最低标准，则经济社会发展相对滞后的地区将难以享有基础性的体育健身公共服务。就经济社会发展相对滞后地区的社会成员而言，采取基础性的乃至强制性的体育健身公共体育服务标准往往能对体育权利的达成发挥保障性作用。与此同时，因为我国总体经济社会与体育发展水平偏低，所以体育健身公共体育服务标准仅拥有"基本"的性质。

（二）我国服务性政府以及构建和谐社会都提出了一项要求，即全民健身公共体育服务必须确保全体公民都平等享有。自 2004 年我国提出"建设服务型政府"以来，调动各方面资源来加强我国政府的公共服务职能已经被定位成构建社会主义和谐社会的关键性内容，2006 年达成基本公共服务均等化被定位成构建社会主义和谐社会的重要内容之一。体育行政职能部门有责任将公共服务职能发挥得淋漓尽致，尽可能实现体育健身公共服务均等化的目标，为所有国民平等享受不同类型的公共体育资源提供重要保障，由此得到最终形成的健身娱乐成果。

（三）最低公平模式与我国经济以及公共服务持续发展的趋势比较吻合。全民健身公共体育服务均等化难以彻底摆脱我国经济社会以及公共服务的发展，无法仅凭借自身力量发展，稳定且渐进的发展趋势和可持续发展的规律比较贴近。因此，在全面发展全民健身公共体育服务均等化的过程中，一定要把基本标准以及均等化定位成基础，在充分兼顾经济社会以及公共服务发展状况的前提下逐步提高基本标准与均等化水平，最终为全民健身公共体育服务的发展注入巨大动力。

（四）最低公平模式和发达地区政府提供优质的全民健身公共体育服务之间不存在矛盾。我国全民健身公共体育服务均等化选取最低公平模式旨在保证我国所有公民都能够实现体育权利，而发达地区政府在最低公平的前提下可以向本地居民提供更满意的体育健身公共服务，因此有助于充分满足本地人的体育需求，同时本地人参与体育实践活动和逐步拥有示范效果往往能为全民健身公共体育服务均等化的发展注入动力。

四、全民健身公共体育服务均等化的路径探索

（一）转变公共服务职能

因为全民健身公共体育服务是公共服务的内容，所以其供给的主体往往是政府职能部门。政府职能部门是具备公共性特征的组织，需要承担的重要责任是利用现有的公共资源向全民提供优质的公共服务，但在"服务型政府"充当政府改革目标提出之前，政府的"公共

服务”职能在很多情况下都不受政府部门的重视，政府在履行职能过程中不时会出现“失位”“错位”和“越位”的现象。由此可知，在实现全民健身公共体育服务均等化的过程中，首要任务是合理转变政府职能，换句话说就是更加清晰地说明政府“公共服务”的职能，如此才能为政府合理运用公共资源进行公共服务的供给提供保障，最终为全民健身公共体育服务均等化目标的达成打下稳固的基础。

（二）确立服务内容标准

“均等化”一词在很大程度上能够将其理解成对于均等状态的实证描述，其无法在摆脱均等客体的情况下独立存在，同时必须有与之对应的衡量标准。与此用时，上文已经阐述了我国全民健身公共体育服务均等化适合选用最低公平模式，所以确立全民健身公共体育服务的内容和标准是达到均等化目标的基础条件。在制定和明确全民健身公共体育服务的内容与标准时，应当把全民的公共需求设定为重要基础，把经济发展水平设定为约束条件，合理制定具体的范围和标准。在城市社区与农村普遍构建健身路径的过程中，很多措施都涉及全民健身公共体育服务均等化的内容与标准。

（三）统筹城乡区域发展

分析我国公共服务均等化可以发现，我国经济社会发展过程中城乡与区域之间的双二元结构是我国公共服务均等化需要尽快解决的问题之一，而全民健身公共体育服务均等化的实施过程也有这样的问题。促使城乡之间以及各区域之间在全民健身公共体育服务上的差距达到最小化且实现均等的常见做法是：制定并落实专门针对落后一方的政策倾斜以及财政倾斜，但制定和落实的基础条件是各地区之间的公民权利平等且没有歧视，各地区间的行政划分应当统一、协调，所以说我国全民健身公共体育服务均衡化的实质是获得公平的全民健身公共体育服务地位。统筹城乡区域体育发展、推动全民健身公共体育服务均等化的目标是组建体育健身条件，推动全民共享体育健身的权利，由此得到与之相关的体育健身成果，切莫把全过程理解成体育发展的城市化以及民族体育的边缘化。

（四）构建体系完善机制

立足于全局展开分析，全民健身公共体育服务均等化不仅和许多群体、许多部门存在联系，还涉及很多方面的内容，也需要耗费很长时间。要想实现这项目标，不但要科学构建实现这项目标的体系，而且要对其运作机制进行优化和革新。在实现全民健身公共体育服务均等化体系的过程中，产生关键作用的部分是能够确保公共体育资源均等投入的系统。这项系统不但能深刻剖析全民健身公共体育服务的公共需求，而且能对与之相关的各项投入加以分析。在构建全民健身公共体育服务均等化体系的基础上，要适度增加对相关运行机制的优化力度，从而大幅度提高全民健身公共体育服务均等化相关体系的运作效率。

第四章　全民健身背景下公共体育服务体系构建的相关理论探析

在我国全民健身运动日益深入的背景下，要想更进一步地增强人民体质水平，极大地丰富和完善人们的精神文化生活，构建一个科学的公共体育服务体系是尤为必要的。本章就重点对我国公共体育服务体系的相关理论做出重点研究与分析，为人们参加运动健身提供科学的理论指导。

第一节　我国公共体育服务体系构建的背景

在社会主义市场经济条件下，构建一个科学和完善的公共体育服务体系并不是一时一日而成的，这需要一个长久的过程，并且这个过程是一个动态演进的过程，在构建的过程中要注意遵循这一系统性特征。在现代社会不断发展的背景下，一方面，我国经济水平的快速发展为公共体育服务体系的建设提供了充足的物质条件；另一方面，公共体育服务体系的阶段性发展特征也成为现有条件下公共体育服务数量不足、质量不高等制约因素。

党的十九大报告指出："中国特色社会主义进入新时代，我国社会主要矛盾已经转化为人民日益增长的美好生活需要和不平衡不充分的发展之间的矛盾。"

当前，人民对美好生活需求的期待，为公共体育服务体系的建设提供了更为广阔的空间，如何在新的时代背景下，按照新的价值和标准构建一个科学、合理的公共体育服务体系，就成为当前一个重要的研究课题。

一、构建公共体育服务体系是服务型政府建设的重要组成部分

在构建公共体育服务体系的过程中，建设一个服务性政府是非常重要的，这能有效推进自身建设并引导公共体育服务向着健康的方向发展。一个高度负责任的政府必须要有良好的执政措施，要能维护社会公平，预防两极分化，保持社会的稳定与和谐。我国实行市场化改革 39 年以来，打破了原有的以公有制为基础的再分配体制，市场机制在调节商品和服务价格上的作用日益突出，发展至今，与人们生活息息相关的各个领域都已经基本实现了不同程度的市场化，社会各种问题得以圆满的解决，民生问题得到极大程度地改善。因此，随着市场经济的不断发展，也对我国政府改革提出了迫切的要求，而建设服务型政府就成为新时代背景下一个新的发展目标。

2001 年,《中华人民共和国国民经济和社会发展第十个五年计划纲要》指出,在完善我国社会基础设施、科技和教育保障的基础上,政府将运用所掌握的公共资源,完成社会主义建设的新目标。2004 年 2 月我国政府提出了"建设服务型政府"的口号,在这样的形势下,构建服务型政府就成为新时期政府改革的重要目标之一。2006 年 10 月,中共十六届六中全会通过了《关于构建社会主义和谐社会若干重大问题的决定》,本次会议进一步明确了我国建设服务型政府,为人民群众服务的要求。2012 年中共十八大报告指出,要不断完善我国的行政体制建设,建设一个职能科学、结构优化的服务型政府,为人民群众谋福利,促发展。2013 年 11 月 12 日中国共产党第十八届中央委员会第三次全体会议通过的《关于全面深化改革若干重大问题的决定》提出要"推进社会领域制度创新,推进基本公共服务均等化,加快形成科学有效的社会治理体制",这意味着随着市场经济的蓬勃发展,改革开放日益深入,我国政府正努力实现从经济建设型政府向服务型政府转变,其在实践层面的表现就是由以经济建设为优先导向的政府转向以服务民生为优先导向的政府,这一发展趋向是非常明显的,也非常符合现代社会发展的要求。

在建设新型服务型政府的过程中,构建一个健全和完善的公共体育服务体系是非常重要的。因为公共体育服务是公共服务体系重要的一部分,与全体公民的体质健康、卫生保健、文化教育有着密切的联系,是建立和完善公共服务体系的重要内容。将公共体育服务纳入政府职能的范畴,在现代社会背景下有着重要的充分条件:第一,我国社会生产力不断发展,人民生活水平、居民收入水平不断提高,这为公共体育服务的建设提供了重要的物质基础和保障。第二,21 世纪以来,中央强调以人为本的理念,着力改善民生,努力促进人们生活水平的提高,与此同时,广大人民群众对体育的需求更加强烈。2017 年党的十九大报告中也重申了改善民生的问题。这就意味着,全面建成小康社会必须首先建设人民体质健康的社会。第三,根据科学发展观的要求,我国当前各项事业发展中都呈现出一定的问题,包括体育发展方式在内的一系列体制机制遭遇到了严峻的挑战,在体育事业发展的过程中,公共性不足以及资源分配失衡是最为严重的问题。

二、构建公共体育服务体系是我国由体育大国向体育强国迈进的战略举措

随着我国社会主义现代化建设的逐步进行,我国的经济发展水平日益提高,人们的物质生活也得到了极大程度的改善。这些都对我国体育事业的发展起到了重要的推动作用。在以前很长的一段时间内,我国实行的是"举国体制",这是我国体育事业发展的阶段性战略选择和制度安排,在这一阶段起到了明显的作用,我国已成为一个世界体育大国。在 20 世纪 80 年代,"以国家利益为最高目标,动员和调配全国有关的力量,包括精神意志和物质资源,攻克某一项世界尖端领域或国家级特别重大项目的工作体系和运行机制",对一个体育基础

薄弱、人口众多的发展中国家来说，无疑为竞技体育的迅速崛起找到了一条极为有效的发展途径，它保证了国家可以集中最有效的人力、财力和物力，最大限度地推动我国竞技体育事业的快速发展。然而，随着我国现代化建设水平的不断提高，举国体制的弊端也逐渐呈现出来。20世纪80年代末已有学者对“金牌过热症”提出了批评。在体育发展战略层面，20世纪90年代国家体委相关部门在研究走有中国特色的体育发展道路这一命题时提出“体育与经济社会协调发展，体育事业内部各组成部分有计划按比例发展”。要“处理好群众体育与竞技体育的关系，坚持群众体育与竞技体育协调发展的方针”……由此可见，在竞技体育取得长足发展的同时，体育事业内部各组成部分之间的非均衡性发展已引起人们的广泛关注。发展至今，人们的生活水平和质量得到了极大的改善和提高，人们的闲暇时间也越来越多，这为人们参加体育运动健身提供了重要的经济和时间保障。体育逐步成为人们日常生活的重要组成部分。在这样的背景下，我国政府也相继出台了一系列体育服务方面的措施。2002年7月，中共中央、国务院出台《关于进一步加强和改进新时期体育工作的意见》，该意见将“构建多元化体育服务体系”作为我国体育发展的一项重要任务。由此可见，随着体育运动的不断发展和人们生活水平的逐步改善，公共体育服务体系建设也显得越来越重要。

近些年来，虽然我国在奥运会上取得了辉煌的成绩，但实际来看我国距离体育强国还存在着一定的差距。一般来说，体育强国除了竞技运动水平居于世界前列外，还必须在国民体质、科学教育、大众体育等方面居于世界前列，如此看来，我国体育运动发展水平还远远不够，仍然需要大力发展。建设体育强国，需要制定具有战略性、基础性及长远性的措施，我国应把握这一历史转轨的契机，科学地进行目标定位，积极调整发展战略，为实现体育强国做出新的贡献。有学者认为：“体育强国是以群众体育为基础、竞技体育为先导，体育事业的总体发展水平在世界上处于一流和前列的国家。这些领域包括大众体育、竞技体育、体育教育、体育科技、体育产业、体育文化等方面。”我们认为体育强国的根本内涵在于以体育为方式助益于人的全面发展，它不仅是以人为本理念在体育领域的极大彰显，同时又要能推动群众体育的发展，成为促进社会主义物质文明和精神文明建设的重要推动力，而能否实现这些目标，公共体育服务体系在其中起着非常重要的作用。2011年，由国务院印发的《全民健身计划（2011－2015年）》作为一个发展群众体育的国家级政策文本特别提出“统筹城乡全民健身事业发展，促进城乡体育资源和公共体育服务均衡配置，逐步建成城乡一体化的全民健身公共服务体系”；2017年，党的十九大报告也重申要重视人民群众的民生改善问题，要提高人民群众的健康服务水平。在当前我国的具体国情下，竞技体育和群众体育的建设与公共体育服务体系建设的联系也越来越紧密，公共体育服务体系建设也成为体育强国建设的一个重要指标。

三、社会对公共体育服务的多元需求对政府的制度建构和创新能力提出迫切要求

在社会主义市场经济条件下，随着我国全民健身运动的不断开展，人民群众对公共体育服务需求的数量和质量日益高涨，在这样的背景下，公共体育资源的分配问题就日益凸显出来，成为制约人们参加体育运动健身的重要因素。

党的十九大报告指出："中国特色社会主义进入新时代，我国社会主要矛盾已经转化为人民日益增长的美好生活需要和不平衡不充分的发展之间的矛盾。"在新的时代背景下，人民群众对体育需求呈现出不断增强的多元化趋势，使得体育事业投入产出的效率与公平问题不再是体育系统内部的孤立问题，而成为一个改革进程中的政治经济学问题。因此，着眼于社会对体育日益增长的需求，有学者指出："需要一个包括拿金牌在内的为满足全中国人民体育需求的新管理体系，推行能够带来长期健康效果的新体制，这个新体制将成为和谐社会的重要组成部分，是一个与全体中国人民的高品质幸福生活息息相关、须臾不可离开的新制度。"就现状而言，我国公共体育服务在基础设施的有效供给、资源配置的均等化等方面依然任重道远。此外，青少年体质状况的不断下降，人口老龄化趋势的不断加剧，这些都已经构成国家综合竞争力提升和人力资源可持续发展的近忧远虑。

当前，我国体育事业还存在着诸多问题，这些问题主要表现在：政府体育公共服务职能发挥不充分；各级政府对群众体育事业投入不足；人民群众的体育需求得不到充分的满足等。面对这些问题，我国各级政府应采取有针对性的措施和手段建立一个科学和完善的公共体育服务体系，以适应人民群众不断变化的体育需求。当前，我们要将公共体育服务的需求与供给与现代社会经济的发展更加紧密地联系在一起，而处理好这一关系，就是充分发挥体育促进社会发展的重要作用。

在现代社会背景下，人民群众的体育需求越来越多样化和个性化，竞技体育、群众体育和体育产业得到了共同的发展，因此，建立一个面向全体人民的产品、服务和制度系统是非常有必要且重要的。这能有效地促进群众体育与竞技体育的共同发展，进而推动我们整个体育事业的发展。因此说，构建一个科学、完善的公共体育服务体系具有非常重要的历史意义。2014 年国务院出台《关于加快发展体育产业促进体育消费的若干意见》，为我国体育公共体育服务体系的建设与发展提供了良好的政策环境。相信伴随着我国事业单位的改革以及体育运动的不断发展，我国的公共体育服务体系建设必将得到快速的发展。

第二节　我国公共体育服务体系构建的价值导向

公共体育服务体系的构建应有一定的价值导向，这对于整个体育事业的发展具有重要

的意义和作用。这一价值导向要从理念和实践两个层面进行分析和确立，总体而言，以人为本的理念是价值先导，它对实践层面的导向具有更为顶层性的指导、规范和评价作用。实践层面的导向则是公共体育服务体系构建过程中应始终遵循的基本原则和操作方略，它是价值先导在实践中的具体表现。

一、构建公共体育服务体系的价值先导

在现代社会发展的背景下，公共体育服务体系的构建是以人为本的价值理念在体育事业发展中的根本体现，其在社会各项事业中应居于价值先导地位。一般而言，公共服务的目的是保障公民权利，实现人的全面发展。具体而言，就是在公共服务的过程中，要以公民为导向，“处于核心地位的是人的尊严、信任、归属感、关心他人以及其公共利益的公民意识，政府必须致力于在公民之间建立信任和合作的关系，而一切依靠公民，一切为了公民，一切为公民负责，这也是新公共服务的题中之意”。具体而言，以人为本的价值先导性主要体现在以下三个层面。

（一）保障公民的体育运动权益

发展到现代社会，人权受到极大的重视，表现在公共服务中，人权可以说是其根本价值所在。在体育领域，政府在公共体育服务体系建设中发挥着极为重要的作用。随着现代社会的不断进步，公民的体育运动权益已成为社会公民的基本权益，受到各个国家的高度重视。《体育运动国际宪章》第一条规定：“参加体育运动是所有人的一项基本权利。”体育权利已被纳入世界各国的法律之中，公民的各项体育权利，如体育健康权、受体育教育权、体育创作权等都受到了良好的保障。

发展到现在，为了保障社会公民基本的体育权利，我国的公共体育服务体系也在逐步完善与发展，这为人们参加体育运动提供了良好的保障。国家发展改革委等部门联合印发的《“十四五”公共服务规划》和《全民健身基本公共服务标准（2021 年版）》是国家基本公共服务标准体系建设的重要组成部分，明确了现阶段我国全民健身基本公共服务的主要项目，对于提高我国公共体育服务的质量具有重要意义。因此，构建公共体育服务体系，保障社会公民的体育权利是现代社会发展的基本要求。

（二）满足公民的体育运动需求

公共服务是面向社会特定的公共利益，由于每个人都是不同的，每个人都有自己的个性和独特的体育需求，而构建公共体育服务体系就要满足人们的各种体育需求。当前，随着现代社会的不断发展，广大人民群众日益增长的体育需求与社会体育资源有效供给之间产生了严重的矛盾，政府所提供的公共体育服务不足，体育场地设施匮乏，组织体系建设不利等，这些都严重影响到人民群众体育活动的顺利开展。因此，在未来的发展中，政府及相关部门

要结合具体实际情况大力建设与完善公共体育服务体系，以满足人民群众不断发展着的体育运动需求。

（三）确立以公众为中心的构建理念

一般来说，在公共服务供给的机制设计中存在着两种不同的理念，一种是以提供者为中心的理念，另一种则是以使用者为中心的理念。这两种理念驱动下的制度安排会存在着不同的特征和效果，而在我国人口众多、地域辽阔的背景下，这两种理念要一分为二地来看待。但不论社会如何变化，在当前构建公共体育服务体系的过程中，都要坚持以公众为中心的基本理念，这样才能为广大的人民群众参与体育活动提供良好的服务。

二、构建公共体育服务体系的实践导向

一般来说，公平公正、注重效率、统筹兼顾是构建公共体育服务体系的实践导向。

（一）公平公正

在公共体育服务体系中，公平公正就是指人们在参与公共体育活动的过程中平等地享受各种体育资源和服务，这是人们的基本权利。公平公正也是我们构建公共体育服务体系的首要导向。在我国当前社会发展的背景下，受我国区域发展差异大和地区经济发展不平衡的制约，公共体育服务资源的差异巨大。在欠发达地区，公共体育服务基础非常薄弱，体育硬件设施比较匮乏，公共体育服务人员水平不高或者缺乏。在这样的背景下，迫切需要国家统筹规划，不断加大对经济欠发达地区的资源投入，建设一个能为广大居民参与体育活动服务的体系。

公共体育服务的宗旨就是要增强人民体质，促进人们的社会化发展，而公平地享有体育服务则是每一个公民所应有的基本权利，所以政府相关部门要制定一定的法律法规或制度确保公共体育服务资源向广大民众开放，保障人民群众基本的体育权利。

（二）注重效率

在现代社会背景下，在市场经济发展的今天，我们将公平公正放在实践导向价值序列的首位。但是，对于政府而言，如何合理、有效地配置与利用体育资源，就成为公平公正导向落实的重要课题。在落实公平公正的过程中，还要本着注重效率的原则进行，实际上，任何一个负责任的政府都会追求职能履行的有效性和高效性，公平公正与注重效率之间并不是矛盾的，当前我国普遍存在的一个情况是，政府作为公共体育服务责任主体和供给主体的角色重合，这也是导致公平公正与注重效率两者关系处理失当的重要原因。在一定程度上，作为公共体育服务供给主体的政府，其自利性的倾向是难以回避的。这种以自身利益为出发点形成的供给导向必然在客观上显现为无效、失效和低效的供给现状。这种现状突出地表现在公共体育设施供给领域：一是农村公共体育设施供给与需求的失衡，由于国家长期坚持统

一的供给政策，导致篮球场和乒乓球台设施所占比例较大；同时由于地方热衷于建设县“体育中心”“体育广场”等大型体育设施，针对老百姓体育健身需求的设施类型存在一定矛盾；二是城市社区体育设施布局不合理。我国城市竞技型公共体育设施的建设规模已大大超过休闲型公共体育设施的建设规模。由于公共设施配套是按照“谁开发、谁配套”的原则进行，地块开发规模大小不一而导致的体育设施配套不一，特别是新老社区的体育设施存在明显的差异；三是大型公共体育场馆的重复建设。受我国现行行政体制和管理体制的影响，各地不同层级政府机构、不同系统都在规划、建设体育场馆，特别是在部分省会城市，这种现象尤为普遍。在许多省会城市既有隶属于省政府或省级体育行政部门的体育中心或者奥体中心，又有隶属于省会城市的体育中心，还有隶属于各区的体育中心，这些体育中心的构成和功能基本相似。这些无效、失效和低效的供给决定了政府必须基于现状提升公共体育服务的供给效率。在具体的发展过程中，我们可以充分吸收和借鉴西方发达国家的“效率公平”，然后结合我国具体国情，构建一个具有中国特色的公共体育服务体系。

除此之外，政府注重效率的实践导向还必须植根于对公共服务本质的把握上，在具体的操作过程中，应始终坚持以人为本的价值先导原则，以满足公民的体育运动需求为最终归宿，以公众为中心是公共体育服务体系科学有效的内在要求。事实上，公众的公共体育利益并非个体公民的公共体育利益叠加，而是体现出对公民个体利益诉求的态度，坚持公平公正的改革原则，才能找到“效率与公平”的支撑点。因此，注重效率的原则就要求政府在供给实践中必须坚持均衡发展和科学发展要求，在追求效率与公平协调统一的基础上尽量设计一个科学、健全和完善的公共体育服务体系。

（三）统筹兼顾

公共体育服务体系的构建不是一时一日而成的，它是一个浩大的工程，需要一个长久的过程，在长期的建设过程中，需要处理好体育系统与其他环境变量的关系，处理好公共体育服务与其他相关公共服务的关系，政府部门应着眼于建立健全的体制机制，加强顶层设计，在以人为本的价值先导理念的指引下处理好公平与效率等价值导向的关系，进一步梳理公共体育服务的内容，厘定公共体育服务的责任和供给主体，明晰程序和路径，制定体系化建构的时间表和路线图。

《“十四五”公共服务规划》提出，到 2025 年，我国基本公共服务均等化水平明显提高，实现目标人群全覆盖、服务全达标、投入有保障，地区、城乡、人群间的基本公共服务供给差距明显缩小，实现均等享有、便利可及。普惠性非基本公共服务实现提质扩容，付费可享有、价格可承受、质量有保障、安全有监管。生活服务高品质多样化升级。相应地，这一目标的确定，就要求各级政府从制度层面进行有效统筹，紧跟公共体育服务整体的发展进度。也就是说不仅仅是公共体育服务政策法规的供给要跟上公共服务政策法规体系建设步伐，有层次、有梯度地供给，而且要求公共体育服务政策法规供给必须始终为保证体育领域按时实现公共服务均等化目标做贡献。随着公共体育服务的深入发展，对政策法规资源的全面性和系统性也要求越来越高。这就需要协调各种法制资源，统筹兼顾地加强公共体育服务政策法规的供给。既要服从社会主义法制建设的要求，又要体现公共体育服务的内在特点；既要在公共体育服务的政策法规的立法、执法、监督和法治队伍建设等方面加强系统供给，又要全面实现体育健身场地设施、体育组织建设、科学健身指导、公共体育服务经费投入等方面的均衡供给；既要适合本土化发展的需要，又要有一定的国际法治视野；既要发展各级体育行政部门的供给作用，又要密切联系其他行政部门协同供给，充分发挥社会各个部门的作用，形成联动合力，这对于公共体育服务体系的建设是非常有利的。

在坚持统筹兼顾的原则过程中，我们要充分利用市场和社会等多元化力量，为公共体育服务体系的建设提供充分的保障。大量的实践表明，公共体育服务除政府供给之外，还包括市场供给和社会供给。市场供给以市场化运作的方式利用经济规律聚合以体育企业为代表的公共体育服务的生产主体，这样不仅能够直接高效地回应多样化的社会需求，也能够高效地配置体育资源。社会供给则侧重于社会团体作为公共体育服务供给主体，常以非营利组织的形式出现。非营利组织作为公共体育服务的生产主体，往往能聚集具有自发自愿性质的社会资源。所以，政府亟须重新界定自身的角色，作为治理的主体，应当更多地着眼于顶层设计，着眼于制度和规则的优化创新，改变过多的行政干预，努力完善政府社会管理和公共服务职能，实现服务型政府治理模式的转变，同时还要建立一定的法律法规制度，为公共体育服务体系的建设提供制度保障。

除此之外，统筹兼顾原则还要求公共体育服务体系的建设要具有一定的前瞻性，对公共体育服务体系内各种内容的建设与规划要科学和合理。一般来说，公共体育服务体系并不是固定不变的，而是不断变化和发展着的。在不同的历史时期，其内涵和价值也会发生一定的变化。因此，正确地认识基本与非基本公共体育服务的关系就显得尤为重要。我国基本的公共体育服务建设的总体目标和价值追求，要充分体现出普惠性，能充分保障人民群众的基本体育权利，能保证人人享有体育权益均等化，实现社会公平。

综上所述，公共体育服务体系的建立需要以基本权益的制度性保障为后盾，即保障公民的基本体育权利，要通过一定的法律形式予以确认和保护。在构建公共体育服务体系的过程中，我们还要正视区域发展不平衡的问题，针对经济水平发展不同的地区，合理调整公共体育服务的服务对象、保障标准和覆盖水平，尽可能地满足广大人民群众日益增长的各种体育需求。

总之，在现代社会背景下，我们必须要坚持以人为本的价值先导理念，坚持公平公正，注重效率，统筹兼顾的实践导向，努力构建一个科学和完善的公共体育服务体系，以便更好地为人民群众参加体育活动服务。

第三节　我国公共体育服务体系构建的制度创新

在现代社会背景下，为了保证各项事业的健康发展，政府往往会制定一定的政策和文件加强对某项事业的管理，这就是所谓的制度安排。制度安排，就是管束特定行动模型和关系的一套行为规则，这一套行为规则是政府根据当前的资源总量和配置方式来制定的，当前公共体育服务的需求与供给使体育事业发展与经济社会发展更加紧密地交织在一起。因此，构建一个科学和完善的公共体育服务体系势在必行。

一、公共体育服务供给内容的制度创新：形成三位一体的服务内容体系

当前我国公共体育服务正处于一个供给主体单一、效率不高的特定历史阶段，在今后发展的过程中，国家相关部门必须采取必要的手段和措施对现行体育制度进行创造性发展，把满足人民群众的公共体育服务需求建立在促进资源配置效益最大化和公平合理化的制度建构上。在新的时代背景下，促进群众体育与竞技体育协调发展，促进体育事业与体育产业协调发展，既是我国发展体育事业的基本原则，也是建构公共体育服务体系的基本保障。随着人民群众体育需求多元化的发展，公共体育服务的外延和内涵也在发生着逐步的改变。竞技体育、群众体育和体育产业在我国的现实国情和当前历史阶段中均具有特定的公共属性，三者与公共体育服务体系建设有着密不可分的联系，公共体育服务不应该是群众体育或全民健身的简单延伸拓展，而应是竞技体育、群众体育和体育产业三者有机联系并向全体人民提供产品和服务的系统。在构建公共体育服务体系的过程中，必须要加强制度创新，形成一个“三位一体”的服务体系。

(一)努力突破全民健身的瓶颈性障碍

随着人们生活水平的逐步改善和提高，人们对身体健康看得越来越重，全民健身运动的广泛开展就是一个很好的例子。在全民健身日益深入的今天，全民健身是凸显我国体育事业公共性的着力点。在当前经济发展水平日益提高和人们生活质量得到极大改善的条件下，社会居民的消费结构进一步升级，健康需求成为人们生活的基本需求，但是政府所提供的公共体育服务与人民群众的体育需求之间还存在着较大的差距，公共体育产品和服务总量不足，各地区之间的体育服务差异明显等问题仍然突出。因此，当前我们要建立健全公共体育服务网络，着力改善基层体育设施条件，突破全民健身的瓶颈性障碍，不断完善公共体育服务体系。

(二)要强化竞技体育的公共产品属性

随着现代竞技体育的不断发展，参与或观看各种类型的竞技体育赛事已成为人们重要

的生活内容,成为满足人民群众精神文化生活的一种特殊公共物品。竞技体育赛事向人们所展示出的内容是向全社会提供的一种精神和文化产品,它为人民群众所共同享用,满足的是社会的公共需要。同时,竞技体育的发展会对群众体育的兴起与发展产生一定的引导示范作用,高水平的竞技体育赛事可以给人们带来愉悦的心理需求,起到重要的激励作用。竞技体育能引领群众体育的发展,能在培育践行社会主义核心价值观的过程中发挥更大作用。因此,竞技体育与群众体育可以相互促进、协调发展,而将竞技体育纳入公共体育服务体系是服务型政府建设的内在要求,是实现体育强国战略的需要,也是世界竞技体育强国的共同经验。在新的历史时期,根据整个社会对竞技体育需求的变化和体育事业均衡发展的要求,把竞技体育纳入公共体育服务体系进行整体设计,不仅有利于我国竞技体育的发展,还能有效彰显体育事业公共性的特质,从而促进我国公共体育服务体系的建设与发展。

(三)释放体育产业的公共体育服务供给潜力

随着体育事业的不断发展,体育产业在公共体育服务体系建设方面发挥着巨大的作用。我国体育产业是伴随着体育事业的体制机制改革不断发展而演变的,在当前的经济社会背景下,坚持以人为本的价值先导理念,必须不断发挥体育产业的牵引作用和内在活力。体育场馆服务业、体育竞赛表演业、体育健身休闲业作为体育产业的重要组成部分,他们都具有准公共体育服务的性质,采取有效的手段和措施提高公共体育服务效率,提高公共体育服务体系建设水平。一个科学、完善的公共体育服务体系才能满足人民群众不断发展的体育需求。在新的公共体育服务体系下,公共体育服务设施比较齐全,体育产品非常丰富,人民群众参与体育运动的热情高涨,这能有效地拉动体育消费,促进我国社会经济的进一步发展,而社会经济的发展又反过来促进公共体育服务体系的建设。

综上所述,竞技体育、群众体育和体育产业均与公共服务体系的建设有着极为密切的联系,三者的协调发展对于体育公共服务体系的建设至关重要。因此,在公共体育服务体系建设的过程中,要形成竞技体育、群众体育和体育产业三位一体发展的内容体系。

二、公共体育服务供给方式的制度创新:形成多主体参与的制度创新格局

在现代社会背景下,公共体育服务供给方式的创新是公共体育服务体系构建的核心,这也是一个非常重大的制度更新。制度更新实质上是一种效率更高的制度对另一种制度的替代,是对现存制度的主动变革。在体育领域,体育制度创新的主体主要包括各级政府、各类市场主体、社会组织以及公众,这些要素共同构成了一个制度集合。在我国社会发展背景下,政府在体育事业发展中扮演着制度变迁主导者的角色,推动着体育事业的往前发展。但要想满足人民群众日益增长的体育需求,还必须要建立一个多主体参与的制度创新格局,在新的时代背景下,一个以全民族的健康和体育公共需求为价值导向的制度创新对我国整个

体育事业的发展具有深远的影响和意义。

在新的时代背景下，创新体育制度，实现多主体参与的制度创新是一个值得深究的问题。2019年国务院办公厅印发《关于促进全民健身和体育消费推动体育产业高质量发展的意见》，指出体育产业在满足人民日益增长的美好生活需要方面发挥着不可替代的作用。推动体育产业高质量发展，是满足人民对美好生活向往的重要内容，要加强基本公共体育服务建设，完善体育基础设施，培育强大市场主体和社会组织，激发更多体育领域投资，让体育投资者、企业经营者享受到政策和发展红利。这对于激发市场和社会等多元主体力量，促进体育制度的创新发展，具有重要的意义和作用。

（一）培育公共体育服务的市场供给主体

在现代市场经济条件下，社会主义市场经济制度的完善对于资源的有效配置，各种市场服务产品的推出和发展都具有重要的作用，对于公共体育服务体系建设而言，这能够改善公共体育服务领域政府投入不足以及区域之间投入失衡的结构性矛盾，并且在此基础上解决因历史积累和地域差异所造成的公共体育服务需求差异化和分层化的问题。同时，激发企业的活力，能够拉动体育消费潜力，推动体育产业的发展。吸纳市场力量参与公共体育服务的供给可分为直接供给和间接供给两种方式。直接供给包括企业为体育消费群体直接提供产品和服务，参与公共体育设施的开发建设，进行资本投入和运营。间接供给主要是市场主体与其他组织达成合作协议，扮演服务生产者的角色，通过市场化的运作手段，实现公共体育服务供给。

（二）加强对体育社会组织制度的吸纳

一般情况下，公共物品都具有重要的外部性特征，政府和市场在其中扮演着重要的角色，但有时也难免会会出现失灵的现象，这是不可避免的。一个成熟的体育社会组织可以与政府进行更加有效的信息沟通，提高政府在购买公共体育服务的过程中契约签订和项目实施的效率，从而达到优化资源配置、降低行政成本、提高服务效率的目的。“我国传统体育行政管理制度在一定程度上不仅制约了体育非政府组织发展，也制约了体育行业的进一步发展，使得我国公共体育服务在根本上无法进一步得到优化。”随着各种体育组织和社会利益团体作为初级的行动团体提出政策倡导，拓展参与公共体育服务生产与供给的渠道，多元供给的局面将逐步形成，而政府则应在制度层面对社会组织进行规范和管理，逐步完善监管长效机制，确保公共体育服务体系建设的顺利进行。

（三）激活公众力量参与体育治理

不同区域、不同的群体对于公共体育服务的需求具有一定的差异。因此，我们在构建公共体育服务体系的过程中，政府和其他供给主体提供的产品和服务需要建立在公众偏好及评价的基础上，使供给与需求逐步达到均衡，供给效率达到最优，这样才是最理想的状态。

从历史演进的角度看，有学者指出，政府对包括群众体育在内的体育事业的治理能力不足主要表现为制度建设欠缺系统性、针对性和回应性。因此，有学者提出对我国群众体育“贫困”的治理应由输入式治理为主逐步转向参与式治理。这种参与式的治理应该包括发挥社会组织和公众参与的力量。

综上所述，强制性制度变迁和诱致性制度变迁这两种不同的范式对我国体育制度创新的路径选择有着理论上的借鉴意义。随着社会主义市场经济的不断发展，制度变迁将不仅是一个由国家强制推行、自上而下的过程，而且将是一个由各种获利机会诱致变迁需求、自下而上的过程。当前，政府购买社会服务和推动社会组织发展等举措正在朝着制度化的方向发展，随着市场在资源配置中逐渐发挥决定性的作用，社会组织的力量日益壮大，体育制度的创新主体将呈现日趋多元的态势，各种体制外的行动主体将试图在新的制度安排中寻求获利机会，这一过程“意味着现行利益分配模式的打破和再造，不同利益集团之间的利益博弈结果决定了制度变迁的过程和方向”，政府如何应对、利用、吸纳这些诱致性制度变迁的机会对于推动我国体育制度创新和构建合理完善的公共体育服务体系将起到至为关键的作用，而这制度创新的过程也是一个由政府、市场、社会组织和公众等多元主体共同参与建构的过程，由此生成的制度系统有利于满足人民群众的体育需求，实现促进人民体质健康的目标。

一般情况下，公共体育服务是由政府独家提供的，供给内容、数量、途径等都由政府这个单一的权力中心来决定。从公共体育服务运行过程来看，政府不仅要负责资金的投入，同时还要负责具体的服务生产。在建立与完善社会主义市场经济体制的当下，政府允许市场主体进入供给领域，使得供给主体筹资方式和筹资渠道日益多样化，有助于提高公共产品和服务配置效率，同时，民间体育组织的参与能够在一定程度上弥补政府与市场供给的缺陷。繁荣源于竞争，供给主体之间的竞争是公共体育服务质量的根本保证，但这一均衡的实现又必须建立在各主体之间的合作与协调之上。在公共体育服务供给过程中可以充分利用市场创造的激励机制和民间组织的灵活性、应变性等特点，根据具体的经济社会环境，采取不同的组合方式，保证公共体育服务的供给效益，这可以为我国选择科学有效的公共体育服务供给模式提供良好的借鉴。

但是，强制性制度变迁和诱致性制度变迁是有利有弊的。由国家主导的强制性制度变迁具有稳定性、连续性和可控性的特点，能在短时间内将特定的价值导向、运行模式和供给方式输入到制度系统中，比如国家可以通过对公共体育服务体系的规划设计、标准制定和示范区创建来高效率地推进制度变迁。但如前文所述，制度也有长期性、稳定性和关联性的特点，一旦形成特定的制度结构，潜在的利益和价值创造主体就无法在既定结构中实现其目标，只有当一项新的制度安排能对其成本和收益予以考量，才能吸纳新的创造主体，进而增加全社会的收益和福祉。同样地,诱致性制度变迁虽然能够提供更加高效的制度替代方案,摆脱旧制度的惯性依赖,但却具有偶发性、不稳定性和不可控性的特点,同时还可能造成“搭便车”等负面效应,而且一般而言,诱致性制度变迁通常需要得到国家的推动才能实现。换而言之,基于政府主导的制度创新与社会主导的制度创新均有难以避免的负面因素,有效消除两者负面因素就需要建立起政府与社会互补型的体育制度创新模式。因此,总体而言,必须要把强制性制度变迁和诱致性制度变迁的优势有机结合起来,使由多主体参与的制度创新形成优胜劣汰的良性竞争效应。这样才能为公共体育服务体系的建设营造一个良好、健康的环境。

第四节　构建公共体育服务体系的基本策略

在社会主义现代化建设的今天,我国公共服务制度变迁的基本脉络显示出,制约公共体育服务体系的关键因素主要有两个方面,一方面是市场经济条件下引起的社会公共需求的变化,另一方面是由管制型政府向服务型政府的转变。在这一变化的背景下,服务型政府将公共服务的制度化供给纳入自身的基本职能,体现的是一种制度创新意愿,而制度能力则体现了服务型政府的内涵,它与政府职能转变存在着极为密切的关系。政府职能转变的核心是提升政府能力,其根本体现是能否实现有效的治理。因此,在构建公共体育服务体系的过程中,政府面临着一定的挑战,一是政府对强制性制度变迁的推动须保有适当的行政权力,二是政府对诱致性制度变迁的有利因素需加以制度性吸纳,有效的制度创新需要在有序的规制和有度的管制之间保持适当的张力,使各个制度创新主体形成良性的博弈,这就要求政府的制度设计、更新和建构必须结合上述路径选择,遵循有效的创新策略。总体而言,构建以服务型政府建设为主的公共体育服务体系需要遵循以下几个策略。

一、加强政府自身的制度更新能力

在公共体育服务领域,政府是其重要的责任主体和制度创新主体,要想促进公共体育服务制度创新,其关键就是破除既有体制的弊端和惯性,把政府和潜在的多元创新主体有效结合起来进行,这就意味着包括竞技体育中作为公共产品和服务的部分也应交由专业的生产者,政府主要承担监管职能。但这种职能转变的最大障碍就在于长期形成的制度锁定状态,特别是现存制度安排在很大程度上会影响制度变化的供给能力,因为作为一种历史遗产和制度存量,它既会在很大程度上决定未来的制度选择,也会强化现存制度的刺激和惯性……在这种情况下,提升政府自身的制度更新能力和创新能力就显得尤为重要。这种从理念到制度的创新一方面得益于改革开放进程中的思想解放,另一方面也得益于对各种先进制度文化的学习借鉴。限于我国公共体育服务发展时间不长，可资开掘的经验有限，要在短时间内建立起操作性强、要素完备且有机协调的制度体系，必须把立足本土推进制度创新与有效移植成熟经验结合起来。虽然在不断发展的过程中，我国政府的制度创新模式体现出了强大的生命力，但这也需要消耗大量的资源和时间，对缓解当前公共体育服务的供需矛盾也显得捉襟见肘，这仍然需要采取更多的创新策略来提升政府的制度供给与创新能力，即有效借鉴、移植、扩展其他国家或其他行业的相关制度模式，这样既可通过积累本土经验作为制度创新的依据，又能通过有效的制度迁移保持相对较高的体制效率。比如，已有学者通过与公共文化服务体系的比较研究指出，我国公共体育服务体系建设可借鉴其经验，构建一个由设施网络、供给方式、保障体系、人才队伍和监管考评等构成的完善体系。这种制度迁移和复制的可能性使得作为制度创新优势主体的国家能通过推行科学有效的强制性制度变迁形成对国家或某一特定领域的善治，这对于我国公共体育事业的发展具有深远的影响和意义。

二、加强制度创新的协同力度

一般情况下，服务型政府作为社会主义市场经济条件下行政管理体制改革的目标模式，主要涉及经济体制、社会体制和政治体制等多个领域，其整个系统都是比较复杂的。通常来说，国家治理体系中的制度系统主要由相互嵌入的各个子系统构成，每个单位都是在特定时间内为执行特定的功能而设定，制度变迁则会导致关联制度之间的摩擦加剧，因此制度创新必须协调制度系统的功能性需求。我国公共体育服务体系构建除了涉及体育主管部门，还需要协调财政、国土、交通等众多相关部门，只有各部门相互协调、配合，才能有利于公共体育服务体系的建设与发展。

在新的时代背景下，要想构建一个科学、完善的公共体育服务体系，就必须要建立一个由体育行政部门牵头，多部门密切配合的跨部门协同机制，真正做到在制度顶层形成系统、科学、有效的架构，形成各部门和各层级责任明确、措施有力、联动高效、问责到位的格局。除此之外，现代公共服务供给的一个重要特征是治理主体的多元化，它超越了以往政府单一主体的模式，强调政府、非营利组织、营利组织等各种社会权力主体的共同参与，为此政府必须通过发挥顶层设计的功能，对以市场、社会和公众为主体的体育制度创新采取因势利导和兼容并包的策略，在此基础上由政府依据社会对制度创新的需求对体育制度安排进行选择和优化。同时，制度创新的协同性对于在城乡二元结构特征显著的我国完善公共体育服务体系具有格外重要的意义。据相关研究显示，我国公共体育服务在场地设施、组织化程度、形式内容和满意度方面存在较大的城乡差异，尤其是城乡居民参加体育活动的组织化程度较低，形式和内容不够丰富，对公共体育服务供给的满意度不够高，且在公共体育设施规划方面，国家层面、省市层面和区县层面仍不尽统一和协调，导致这些现象的主要问题在于，位于城乡不同层面的制度和规划在设计、执行、保障和监管等各个方面尚未形成有机协调的机制，而解决这些制约公共体育服务发展的瓶颈问题，就必须在政府宏观层面加快行政体制与职能的转变，明确各个部门的责任与义务，加强自身的发展。

三、加强制度创新的民主决策力度

在现代社会背景下，任何一个政府面对的制度选择集合均受到信息与知识储备的束缚，由于储备不足，政府就很难建立一个科学、完善的制度体系。很长一段时间以来，管理主义的决策模式一直居于我国行政管理科层体制的核心，在这种模式中决策者对公众的政策偏好甚至需求进行塑造，公众独立的需求和政策偏好则缺乏有效的政策输入途径，这与服务型政府建设的内在原则是不相符的。在我国公共体育服务的供给过程中，自上而下的精英决策特征也较为明显，民众多元化的需求无法在决策过程中被充分回应，特别是在我国农村地区大力推进城镇化的过程中，居民体育文化需求的分层化和差异化特征显著，而其诉求表达渠道单一，由关门决策形成的制度安排无法适应其需求，故导致公共体育服务的供给与需求存在着较大的脱节。因此，以满足人民群众体育需求为宗旨的体育制度创新就必须建立相应的需求表达、搜集和汇总机制，使其能自下而上地传递给公共体育服务决策者，为各类潜在的价值创造主体进入政策和制度层面实施参与式治理提供必要的路径，为诱致性制度变迁的发生培育良好环境。同时，服务型政府对建立和健全相应的绩效评估机制和问责机制提出了要求，建立这些机制的关键是要加大对民意和舆论的汇集，使公众成为一股自下而上的监督力量。来自公众的监督有利于将政府对自身改进的努力和民众对政府的期望结合起来，特别是贯彻到对公共服务的评估和问责之中。由于构建公共体育服务体系的宗旨就是满足人民不断增长的公共体育服务需求，因此突破关门决策的封闭状态要求政府必须建立诸如公共体育服务绩效评估的科学机制，将公众的满意度纳入评估体系，定期采集获取公众对公共体育设施建设、体育活动服务、体育组织服务、体育指导服务和体育信息服务等方面服务的体验和评价数据，以此作为政府实施监管职能的重要指标之一。

在历史长河中，各种社会制度会发生不断的变迁，在这一发展过程中，各种制度安排从均衡向非均衡再向新的均衡不断转变。因此，以政府职能转变为核心的服务型政府建设对回应我国体育事业发展领域的双重非均衡态势，进一步转变体育事业发展方式具有积极的推动作用。特别是公共体育服务供给主体单一、效率不高以及满意度较低的阶段特征，对体育制度的创新发展提出了迫切的要求，其核心就是要把满足群众的公共体育服务需求建立在促进资源配置效益最大化和公平合理化的制度建构上。在全面深化改革、推进政府职能转变的当前，激发推动有效治理的内生资源，在兼顾公平与效率的同时，构建彰显体育事业公共性的制度安排是推动体育发展方式转变的一项基础性工作。“十四五”时期，面对中华民族伟大复兴战略全局和世界百年未有之大变局，体育需要立足新发展阶段，贯彻新发展理念，构建新发展格局，统筹发展与安全，增强机遇意识和风险意识，在危机中育先机，于变局中开新局，在迈向全面建成社会主义现代化强国新征程中奋勇前进。在这样的背景下，作为“为公众服务的联合体”的政府机构，应该积极回应人民群众在基本公共服务方面的新期待，以促进社会公平正义，促进人民生活水平的改善和提高，提升制度创新能力，加快公共体育服务体系建设，为人民群众参与全民健身运动服务。

第五章 全民健身公共服务实践体系构建路径

全民健身是一项系统而宏大的工程,需要组织大量人力投入到多项工作之中,包括体质监测、组织管理、指导等。本章的研究主题是全民健身服务实践体系构建路径,具体从体质监测体系、目标体系、组织与管理体系和指导体系这四方面来展开。

第一节 全民健身体质监测体系建设

一、全民健身体质监测概况

为了系统了解国民体质状况,通常会定期开展国民体质监测,根据预先制定的相关监测指标,以抽样调查的方式选取对象,在一定范围内对监测对象进行集体测试,测试结束后对数据进行分析和研究。

通过体质监测,各级政府部门能系统了解本地区国民的体质状况、健康水平、体育人口以及总体趋势,这对本地区制定相关政策和法规,促进体育发展提供依据。群众根据科学的测量结果可以了解本地居民的健康水平,为自己的锻炼健身提供参考。

2000 年,我国进行第一次全国国民体质监测,这次监测的目的是通过对国民进行体质测试,建立覆盖全国的体质监测系统和数据库,统计与分析数据,公布监测结果,以掌握国民体质水平和发展趋势,为长期观测我国国民体质水平奠定基础,为国家经济建设和社会发展服务。监测对象是 3—69 周岁的国民,按年龄分组分为幼儿、儿童青少年、成年、老年四个群体,以分层随机整群抽样确定样本。各省、市、自治区总样本量为 7100 人,全国总量超过 20 万人。

2005 年,我国进行第二次国民体质监测。这次监测工作中,监测范围更广泛,保证采集数据更有质量,培养出一批关于体质监测的专业技术人员。本次监测涵盖全国 31 个省、市、自治区,每个省、市、自治区的平均样本量为 7200 人。

2010 年,我国进行第三次国民体质监测。这次监测的目标是充实并完善国民体质监测系统和数据库,了解国民体质现状及变化趋势,进行测试、评价与指导,并为测试群众提供运动健身处方,为全民健身计划实施和国民体质发展提供科学依据。

2014 年,我国进行了第四次国民体质监测。本次监测的指标主要包含身体形态、身体机能和身体素质三个方面。全国 31 个省、市、自治区的 2904 个机关单位、企事业、学校、幼儿园、行政村中共有531849人参与了测试，其中，3—6岁幼儿50702人；7—19岁儿童青少年308725人；20—59岁成年人146703人；60—69岁老年人25719人。

二、全民健身体质监测体系的建设

（一）加强宣传，提高认识

长期以来，我国国民普遍对体质测试不够重视，关注度较低。各级部门要充分利用媒体资源，利用板报、专栏等形式，加大体质监测工作的宣传力度，使人民充分认识和了解体质监测的意义和作用，积极配合并认真投入到体质测试中，真正发挥体质监测在全民健身中的作用。在宣传工作中要充分利用节假日或设立“科普周”进行宣传；在官方网站中设立“体质测量”“健康指导”等栏目，普及体质测试的知识；设立流动监测站，免费为群众进行体质监测，开设运动处方，以实际行动来宣传体质监测工作。此外，政府部门、社会体育机构、高等院校、中小学、企业、公司也要协助配合，群众的支持与配合是体质监测工作成功进行的保障。

（二）完善管理体制和法规体系

现行的国民体质监测分三级管理，即国家级、省（市、自治区）级和地市级。国家级的部门为国家国民体质监测中心，主要负责编写培训教材、培训各省、市、自治区监测工作骨干人员；各省（市、自治区）国民体质监测中心负责培训和管理监测人员，并指导本省各市（区、县、旗、自治州）监测人员的培训和管理。各管理部门在保持工作的同时，还应将监测机构对外开放，向单位、个人提供体质测评、健康咨询、健身处方等服务，将完成国家任务和服务人民群众结合起来，将义务监测和有偿服务相结合。在国民体质监测和测定人员培训和管理过程中要制定相应的政策，确定培训课程内容和考核标准。

全国各监测机构要从目标入手，制定符合实际情况的国民体质监测和测定人员的发展目标，紧接着根据目标的吸取，制定相应的规章制度，如国民体质测定工作规定、国民体质监测和测定人员的培训制度、等级制度等，进一步加强国民体质检测的工作效率。

（三）建立科学统一的监测方案和评价标准

1. 国民体质监测方案和评价标准要标准统一。国民体质监测指标体系方面既要体现出各年龄段人群的体质特点，又要反映出人在各阶段的生长、发育和衰老过程的变化规律，所以测量指标尽量一致，保证各年龄群体测试指标及评价方法具有连续性和系统性。

2. 目前我国已出台包括儿童、学生、成年人、老年人的体质测试方案及评价标准，学生群体的体质监测由教育部负责，而其他群体的体质监测则由国家体育总局负责，实施部门不同，导致学生体质测试内容及评价方法与其他群体间失去了连续性与系统性，这给国民体质的系统研究造成很大的困难。因此，要注意保持测量指标的一致性，保证各群体测试指标及评价方法的连续性和系统性；此外，还要研究和开发智能化的电子测试仪器，建立国民体质监测数据网络体系，使国民体质监测规范化、科学化、具体化。

（四）提高体质监测人员的水平

1.为提高体质监测工作，使监测人员工作起来更有效率，应编写全新《国民体质监测和测定人员培训大纲》，在基础理论部分增加保健、康复及管理等方面的知识，包括健康管理概论、健康与体质、亚健康、高龄社会、成年人慢性病的体育干预、救急知识、体力测定与评价、营养与体重调节、体育保健、运动处方、人体运动能力的生理基础和提高运动能力的方法、体育锻炼的科学安排、体育锻炼效果的评价、肥胖与保健等内容。在实际操作能力的培养上，按照指标、仪器、测试人员三固定的原则来安排，主要内容包括工作方案、检测方法、质量控制方法、器材使用方法等，根据监测工作要求进行技术培训，考试合格者才能上岗工作。

2.培训方式要灵活多样。各监测机构应结合所在地区的实际情况，确定培训时间，保证培训学时，不能搞“速成班”；建立以学员为主体、以解决问题为核心的培训模式；运用信息和多媒体技术，对培训内容进行拓展；培训讲师将授课重点制作成幻灯片刻成光盘，供学员自学。

3.对社会体育指导员进行体质监测培训。社会体育指导员具有丰富的体育专业知识，更容易学习和掌握体质监测的理论和技术。所以通过对体育指导员进行体质监测内容的培训，可以让他们在国家体质监测任务繁重、人手不足时帮忙进行测试。

4.充分动员社会力量对国民体质监测工作予以支持。充分发挥和利用高等院校的管理、教学、科研、人力、场地等方面的资源，采用自愿和选修的形式，组织在校生直接参与体质监测和全民健身的指导服务的培训和实践工作。

（五）优化和改善测试仪器、场地的数量和质量状况

1.精密、准确的测试器材是监测数据准确的保证，是体质监测得以顺利进行的物质基础。目前，我国已开始使用用于成年人体质标准化测试的智能化电子测试仪器。但是，自动化、智能化的器材由于成本较高，存在相关指标不够准确等缺陷，所以无法保证仪器在测试中不发生问题。

2.面对国内诸多体测仪器生产厂家，针对各厂家的产品，经讨论比较后选择设计先进、质量过硬的测评器材，使所有企业产品在国民体质监测工作中接受“考察”，不赞成使用固定厂家的全部产品。

3.各个监测站所用的监测仪器必须要经过国家体育总局器材委员会审定通过，由各省体育局根据各测试项目的特点统一配备，使每个监测站在单位时间内提高测试效率，完成更多的测试任务。

4.体质监测站的测试仪器包括但不限于：身高体重、肺活量、握力、选择反应时、闭眼单立、俯卧撑、座位体前屈、纵跳、仰卧起坐、台阶试验等测试仪器，电脑、打印机等辅助设备，办公用品等其他设施。体质监测站要做到便于市民出行，环境舒适，面积较大。

（六）规范体质监测现场测试管理

全民健身体质监测是一项系统工程，操作起来十分复杂、繁重。现场体质测试是获取准

确监测数据的重要途径，因此要做到科学、安全、合理，因为监测质量决定了国民体质监测公报的准确性。因此，要确保现场测试工作规范化、流程化、科学化，在国民体质监测现场测试的机构设置、计划制订、人员配备、组织实施、效果评估等环节中加强管理，确保监测工作顺利完成。通过查阅资料与总结，本书为国民体质监测现场测试工作提供了一种可行的模式，下面进行阐述。

1.确定组织机构及职责分工。成立由体育局官员、监测机构领导、监测人员干部组成的体质监测工作领导小组，负责监测计划的制订，执行工作的监督和意外事件的处理。体育局的相关工作人员负责协调检测机构与监测人员的关系，地方体育部门主要负责检查测试条件，安排测试规划，组织受试人员。监测队员的角色分别为队长、质量检验员、卡片保管员、监测员、医务人员，全部人员都需经培训合格后才可上岗。

2.制订现场测试计划。第一，确定受测对象的总人数，对其进行编组；第二，安排好测试时间、地点，布置场地；第三，对监测人员进行分工，结合监测机构的实际情况，确定测试流程；第四，监测队长与质检员进行二次检验，对现场进行巡查，负责协调工作：第五，测试过程中被测人员有可能出现不适等意外情况，医务人员要做好准备。

3.组织实施。第一，开始前队长应检查测试场地，明确场地设备方案；第二，将被测者按性别、年龄进行分组，发布分组名单并附上测试时间；第三，测试人员严格按照监测要求实施测试，不得擅自更改测试内容与方法；第四，在测试过程中，队长进行巡查和指导；第五，卡片保管员按规定条款收取测试卡，如发现数据短缺或错误应令测试者补测或重测；第六，测试结束后，整理仪器，核对装箱，将数据记录保存。

4.效果评估。测试工作圆满结束后，负责测试工作的领导小组与所有成员对整体工作情况进行汇报和总结，对计划执行情况、测试进度、测试质量等方面进行评价。队长与质检员检查数据，计算测试误差，对于其中的问题制订出解决方案并实施。

第二节　全民健身目标体系建设

一、全民健身目标体系的解读

目标体系的建立离不开管理者的参与，离不开执行者付出艰辛的努力。全民健身服务实践体系中，每个单元都必须要有具体的、可测度的目标，这些目标必须对完成全民健身服务实践任务具有实际意义。

我国推行全民健身的目的是提高全国人民的身体素质。因此，在构建全民健身服务实践体系必须反对形式主义，反对注重场面，忽视实际效果的做法，目光要长远。“亲民、便民、利民”是建设全民健身目标体系的原则，在此指导下，全民健身目标体系包含了场地设施、组织、活动、技术指导、管理服务这五个子系统目标。在某种意义上来讲，全民健身目标体系要由诸多子系统体系来建设，即场地设施系统、组织管理系统、群体社团系统、骨干队伍系统、体质监测系统、资金投入系统、活动竞赛系统、健身方法系统、评估检查系统、政策法规系统、表彰奖励系统、科学研究系统、舆论宣传系统、信息网络系统。

在全民健身目标体系中，始终要贯彻“以人为本”的思想，把满足人民群众的健身需求摆在首位。然而，结合我国经济发展状况，无论是体育发展水平、体育资源拥有量，还是体育人口、人均体育场地和体育产业消费，都存在一个非常直观的问题就是城市与农村体育发展极不平衡，经济发达地区与落后地区发展差异巨大。因此，立足于我国国情，建设群众方便、服务配套的运动场地；深入群众，长期开展丰富多样的健身活动；从实际出发，培养全民健身技术指导队伍，切实提高服务技能；贴近百姓，建设功能齐全、组织完整、管理有序和运行良好的全民健身服务实践体系，推动全民健身活动深入每一个群众。

二、影响全民健身目标体系实现的因素分析

（一）各级政府重视程度

全民健身运动开展关乎人民群众的身体健康和生活质量，政府对保障公民的健身权益，全民健身活动的组织与开展，公民身体素质的提高起到决定性的调控作用。

政府体育部门联合宣传部门共同制订本地的全民健身计划，通过广播、报刊、电视、网络等信息渠道进行传播，通过座谈会、宣讲会、培训班等形式进行宣传教育，培养群众的健身锻炼意识，全社会形成健身的热潮。各级政府定期组织体育活动，开展体育竞赛，发挥共青团、工会、妇联、残联、学校、基层体育组织、居委会等组织的作用，因地制宜开展多种形式的体育健身活动，带动职工体育、学校体育和社区体育蓬勃发展。

政府要将建设体育健身设施纳入建设规划中，在小区、公园、广场等规划建设中配备全民健身设施，提供健身器材，方便群众锻炼身体。通过对公益性社会体育指导员设立等级制度，完善扶植与激励机制，为广大群众提供知识和技能培训的无偿服务，并建立档案；对营业性体育场所的指导人员进行职业资格证书制度，加强培训、考核、认证工作，全面加强指导人员的队伍建设。同时，政府可以有效组织体育、工商、卫生、质监、公安等部门，全面落实健身市场安全规范管理规定。

各级政府可将全民健身事业纳入同级国民经济和社会发展规划，在全年财政预算中加入全民健身工作的活动经费，根据自身状况加大健身服务的投入。在鼓励中心城区建设全民健身活动场地的同时，逐步加大城市社区和农村乡镇基础设施建设的投入力度，引导各方建设便利实用的公共体育设施。通过制定政策来扶持基层及农村发展全民健身设施，鼓励

社会企业对全民健身提供赞助,保障提供赞助的社会企业或组织享受税收优惠。各级政府和相关部门要建立并完善全民健身工作联席会议制度,确定各方的任务,制定各部门的职务,打造健全的全民健身工作机制,加强全民健身工作的协调和管理,各部门通力合作,切实保障全民健身工作平稳有序开展。

(二)全民健身服务资金注入问题

全民健身服务实践体系建设需要一定的资金支持。诸如,全民健身活动经费;基层公共体育设施的投入;社会体育指导员的培养;国民体质监测机构的日常开销;学校、企事业单位体育场馆对外开放的补助;公园、广场等公共场所和小区的建设器材建设费用等。因此,确保人民群众的健身需求,就需要充足的资金作为保障。

当前,全民健身服务建设中的资金主要以政府投入为主,但仅仅依靠政府的投入是很难促进全民健身健康快速发展的。我国部分欠发达地区缺乏资金注入,因此全民健身建设相对落后。要构建多元化的投资体系,在政府投入的基础上充分调动社会各界及个人投资,确保全民健身体系具有充实的资金保障。各地区结合自身特点,以体育赛事为机遇,进行市场化、产业化探索,促进各地区全民健身建设。

(三)健身设施建设

发展全民健身的初衷是增强人民体质,实现这个目标的根本途径就是参与体育活动,而体育场地设施则是群众参与体育活动基础,所以如果场地设施满足不了需求,就无法实现增强人民体质的目标。目前,在我国现有的体育场地、设施中有一半以上集中在各学校,而学校的体育场地、设施大多处于不对外开放或部分时间对外开放的状态,所以我国人均体育活动面积很低。同时,我国体育场地分布严重不均,城市和发达地区的场地在数量上相对充足,健身组织服务体系相对完善,而经济不发达地区和农村地区的场地设施数目稀少,公共体育设施短缺,一些乡镇和村镇的建设速度非常缓慢,健身网络和组织服务体系很不发达,致使全民健身开展举步维艰。群众健身场地、设施匮乏是制约全民健身发展的重大因素,如何在解决场地不足的问题是政府部门和广大社会体育工作者共同关注的问题。

(四)全民健身组织与管理措施

近年来,我国完成了从计划经济向市场经济的转型,在十九大胜利召开后,我国处于全面建成小康社会的决胜阶段,政府和体育行政部门要改革以往的管理模式,将宏观调控、综合协调和基础设施建设作为工作重点,以为人民服务为宗旨,规范管理。国际上的发展经验表明,群众体育发展在很大程度上取决于参与者的主动性,具体包括开展体育活动的基础条件,管理的深度和广度,体育活动的内容、形式和特征,各种体育组织的运行机制、管理措施、相关政策等。

(五)城乡居民体育参与意识

体育参与意识是一种人在参与体育活动中所体现的对体育的某种观念,是对体育客观需要及体育活动过程本质规律的客观反映，也是群众对全民健身的看法与态度。影响人们参与体育的意识是多方面的，包括性格特征、教育水平、兴趣爱好、地理环境、自然环境、社会环境、历史传统等。人们在体育活动中，参与体育活动的情感、动机、价值观等往往会受到文化传统的影响，这种影响是潜移默化的，深藏于个人或集体的意识形态之中。

目前我国城乡、经济发达与经济落后地区人民群众参与体育活动的比例很不均衡，城市的体育参与程度高于农村地区，经济发达地区的参与度高于落后地区。很多参与者也处于不稳定、不固定的状态中，很多人的健身意识十分淡薄。因此，全民健身还需要加大宣传，深入到群众中调研，切实提高广大人民健身意识和体质健康水平，营造良好的体育健身文化氛围。

（六）全民健身服务网络平台

全民健身活动的开展需要良好的制度和体制。其中，建设激励制度与服务体系网络平台是相当重要的。以体育设施、组织、指导、活动、监测、信息六大服务网络为主的全民健身网络服务平台是全面提升综合服务能力的重点。

全民健身网络服务平台属于纵向四级衔接，横向覆盖城乡社区乡镇、企事业单位、学校等基层单位，由设施网络、组织网络、人才网络和信息网络构成。以场地设施服务为基础，以健身俱乐部、社团协会、健身组织为核心，以健身管理员、体育教师、社会体育指导员为骨干，以计算机信息网络为纽带，打造出资源共建共享的网络体系，以资源的整合与共享为重点环节。这其中，既有主观的体育资源的整合，又有客观的体育资源的整合；既有政府提供的基本权益保障性服务资源的整合，又有民间组织、社会团体自主形成的服务资源的整合；该网络以区域为基础，向不同方向辐射，不断发展完善。

第三节　全民健身组织与管理体系建设

一、全民健身组织体系建设

（一）全民健身组织概述

目前，全民健身活动的主要载体是各种类的全民健身组织。各种全民健身组织的目标是提高社会成员的体质健康水平，满足群众的健身、娱乐、消遣等需求。每一个全民健身组织都要具有健身内容、组织方式、运动方法与指导方法，针对性地向群众提供健身服务，确保全民健身目的、任务的具体实现。

全民健身组织主要由体育社会组织和基层全民健身组织组成，具体内容结构如图 5－1 所示。

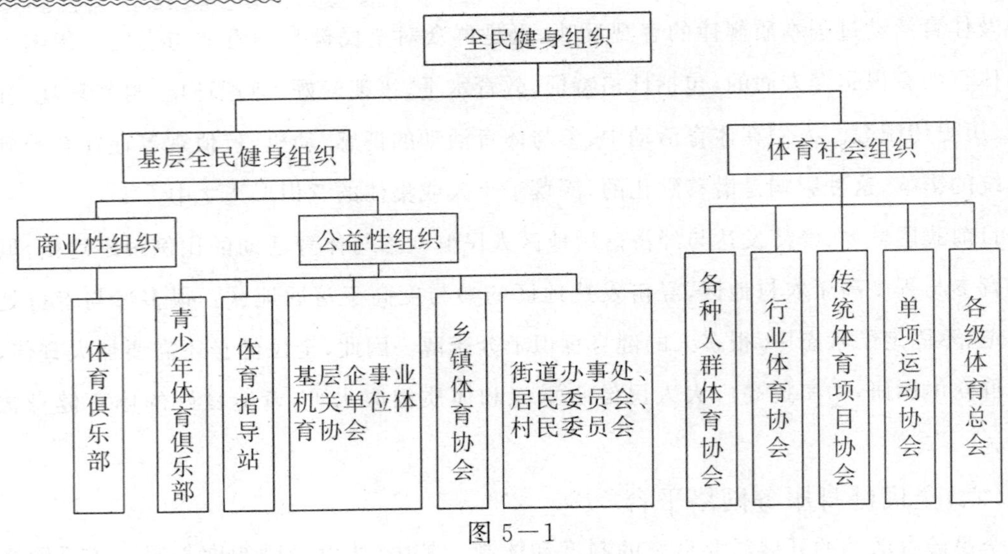

图 5—1

(二)全民健身组织体系建设

1.统筹规划建设,科学发展体育组织

全面、协调、可持续发展是全民健身组织体系建设的内在要求。在全民健身组织体系的统筹规划中,将体育组织建设纳入体育事业的长期发展规划之中,改变单一的组织管理模式,有效激励广大人民群众对基层体育组织进行规范管理。

基层群众体育组织要加速发展,扩大规模,形成形式多样、功能健全、门类齐全、具有地方特色的全民健身项目和组织网络,推进全民健身服务实践体系建设,向广大群众提供体育健身的组织服务。全民健身组织的网络体系要由政府和社会共同建设,政府体育部门和体育组织建立合理的合作制度。

政府和社会之间要建立起一种新型的合作关系,让全民健身的体育组织回归到社会属性上来。按照规范化的组织章程,选举出相关负责人,筹集经费,制定规划,组织活动,在组织上做到管理规范、运作良好,真正体现出沟通服务作用,得到社会和群众的认可。在全民健身组织建设中建立科学的评价体系,引入竞争机制,规范内部管理,提高组织效能。

政府和体育主管部门要对这些组织进行分类指导,树立正面典型,使各类体育组织得到规范的管理,进行良好的运作,收获合理的效益。在社会发展统计指标体系中,增加体育人口比例、举办健身活动的次数、社会体育指导员的数量等与全民健身相关的指标,促进全民健身组织科学发展。

2.构建网络化的全民健身组织

构建完善的全民健身组织网络对于全民健身的整体效果和发展具有积极意义。全民健身组织网络的建设上要符合市场规律,做到建设高效、资源配置优化,协调和沟通各类全民健身组织和机构,使全民健身组织框架清晰,沟通渠道畅通。下面以社区体育健身的组织为例，介绍体育健身的组织网络规划与建设。

(1)内部组织的网络化以直线式为主。体育社会组织和基层全民健身组织为核心，将上级政府机构及下属的健身人群连成直线式网络，通过内部信息流通与互动，使得内部系统更加协调。体育社会组织和基层全民健身组织通过完成上级组织安排的任务获得上级政府机构的信任，再通过优质的指导和服务获得人民群众的口碑。通过这种双向甚至多维的信息交流，以互动沟通为主要手段，逐渐培养起信任感，构建和谐的团队关系，加强凝聚力，实现全民健身组织的功能与价值。

(2)外部组织间的网络以交互式为主。外部组织网络以契约为核心进行协调，以各组织间的平等对话和频繁互动为基础，以体育社会组织和基层全民健身组织间的功能、信息、人际关系、资源、社会效应的流通与共享为条件，形成具有强大交互性的网络系统。在这个系统中，政府管理型组织对各类体育组织履行监督和管理职能，加强引导和监督，使其沿着健康的轨道发展。具体来讲，以政府管理型体育组织为主导，以体育社会组织和基层全民健身组织为核心，以群体单项体育协会、体育锻炼指导站及企业的体育协会为基础，以体育健身设施为依托，以社会体育指导员为骨干，以锻炼群众为主体，建立综合性的全民健身组织网络。

3.以小城镇发展为契机，推动农村全民健身组织的发展

小城镇指的是乡镇和发展起来的村庄，属于镇和村之间，具有城镇的一些功能，但是从村发展而来，以非农业人口为主。小城镇属于农村与城市的交汇地带，是农村城市化建设的重要动力，具有一定的组织能力。

小城镇具备了社会经济聚集与辐射的基本功能，能够进一步推动农村的发展。小城镇不断涌现与发展使当地人们生活水平不断提高，休闲时间日益增多，人们逐渐开始重视健康的价值，开始积极参与健身运动，相应对农村群众的健身活动具有促进作用。因此，以小城镇的发展为契机，可以大力推动农村全民健身组织的发展。

4.充分发挥全民健身组织的功能，组织丰富多彩的全民健身活动

(1)充分把握“全民健身日”的契机，组织开展各种健身活动。社区体育健身活动在内容和项目选择上在突出健身功能基础上要具有趣味性、休闲性和社交性。可以社区、家庭为单位，定期开展象棋、羽毛球、乒乓球、台球、健身操等全民健身比赛。农村地区结合本地的实际条件和文化传统，制订符合群众实际的健身计划，充分发挥农民体育协会、体育辅导站、乡镇企业、退伍军人和学生的骨干带头作用，结合农民群众的生产生活实际，开展诸如“耕田比赛”“收割大比拼”“搬运重物”“插秧比赛”等趣味活动，丰富村民的业余生活。在开展体育健身活动中要获取上级部门的指导帮助和支持，同时做好骨干分子的培训与管理，形成人数集中、时间固定的健身队，促使体育活动站点持续发展。

(2)开展体育节和体育旅游。节庆活动是城市的一大亮点，可根据各地的自身发展特

点，开展一些节日体育活动，如龙舟赛、登山、舞龙、大秧歌、集体健身操等。农村地区依山傍水，自然资源丰富，有条件的可开展登山、徒步旅行、钓鱼等体育旅游和户外体育活动，不断提高吸引力，扩大规模，吸引更多群众参与进来。

(3)大力开展富有民族特色的民间传统体育活动。中华文明内涵丰富、源远流长，其中就有民族传统体育。民族传统体育在乡镇及乡村地区保持着其特色，一直被当地群众所发扬继承，因此发展民族传统体育是带动农村全民健身的重要载体。农村地区可以建立以民族传统体育项目为主导，其他项目为辅的健身组织，利用传统项目的自身优势，带动当地群众参与体育运动，有条件的还可举办传统体育节。

(4)以竞技带动全民健身热情。各地可定期组织运动会，参赛者面向全体群众，满足他们的体育竞赛需求。运动会的比赛地在各市、县轮流进行，不仅可兴建一批场所，而且便于弘扬全民健身精神。此外，还可组织群众欣赏高水平的体育赛事，提高人们对体育运动的认知，通过竞技体育具有的引导作用，推动全民健身运动的发展。

5. 强化内部建设，推进基层体育组织自我发展

(1)加快基层体育组织管理干部、骨干成员的专业化、理论化、年轻化进程，在基层体育组织中招聘政治素质好、业务能力强、工作热情高的体育人才，将团队中老干部的经验和年轻人的朝气相结合，将对体育健身的热情转化为基层体育组织建设的动力。

(2)提高服务水平，壮大公益性社会体育指导员队伍，充分利用社会体育指导员的组织推动作用。要专门布置社会体育指导员的培养工作，不断提高营利性体育场所的服务档次和质量，为广大群众提供优质、高效、规范的体育健身服务。

(3)强化自律意识，大力培养自愿性、群众性的民间基层体育组织，进一步规范组织的关系与行为，使每位组织人员在活动中遵守相应的规章制度，确保基层体育组织平稳有序发展。

6. 加强体育俱乐部建设，充实全民健身组织主体

从西方国家的发展经验来看，体育俱乐部模式可以极大地满足人们的体育健身需求，从我国的实际发展情况来看，也符合体育改革不断推进社会化、产业化的要求。因此，要成立各类体育俱乐部，以俱乐部的形式开展各项体育活动，各级政府和体育行政部门应大力支持并推出相关政策，在登记注册、业务指导、设施配备、资源管理等方面尽可能提供帮助。对于有条件的俱乐部投资方来说，可结合实际情况，在经过充分论证、明确产权的基础上，调集各方面资金，招揽人才，建立体育运动俱乐部。

当前，对于全民健身来说，开发工作重点是为群众提供组织、指导和服务的各种健身俱乐部。对于公共体育场所、公园、广场等场地设施要充分利用起来，定期举办相关的体育活动，已形成稳定群众基础的，要引导其向俱乐部方向发展，并引入服务的概念，增强群众凝聚力，形成更浓厚的健身氛围。对于政府部门来说，对提供健身服务的企业性质的俱乐部进行

检查与指导；对以培养体育后备人才的业余俱乐部，在师资、教学、训练等方面进行支持和帮助。支持和鼓励业余体校不断扩招，尝试与企业或学校联合创办俱乐部。

二、全民健身管理体系建设

（一）全民健身管理的含义

全民健身管理是指在全民健身的组织活动中，管理者通过各种方式整合资源，实现全民健身目标的活动过程。随着国家经济发展，社会进步，我国居民的生活方式和生活观念也发生了巨变，而生活方式的转变既为全民健身活动提供良好的社会环境，同时也对全民健身提出了新的要求。在这个背景下，加强对全民健身事业的管理，促进全民健身运动健康、协调、有序发展，成为各部门需要解决的问题。

全民健身的管理工作不仅是政府的工作，也是各级各类机关、企业、事业单位要负责的内容；不仅是各级工会、妇联、共青团等团体的责任，也是社会体育组织与团体的职责。全民健身管理需要各级体育行政部门与各级、各类社团组织通力合作、相互配合，这样才能建设出系统性的多元全民健身服务体系，能使资源配置最优化、管理工作规范化、服务效益最大化。

（二）全民健身管理体系建设

1. 创新机制，转变政府职能

长期以来，我国体育行政部门的各级群众体育管理机构直接承担对群众的管理职能，在管理中处于主体地位，具有权威性。群众体育管理的改革重点是从管办结合向宣传引导、经济资助技术支持、跟踪监督的方向发展。政府要转变职能，改革组织管理机构，把一部分权力赋予社会，鼓励社会参与，将体育的发展交给市场来运行，让市场发挥主导作用，促使体育组织社会化，使其具有自我决策权力，充分利用第三部门在体育产品和服务的供给上具有的优势，形成由各级政府领导和体育局主导、其他部门协同配合的全民健身管理。

在全民健身社会化过程中，要积极调动各方力量，政府、社会、学校、企事业单位、家庭、社区都要参与进来，充分发挥工会、共青团、妇联、居委会等团体在管理方面的组织作用，建立体育协会、体育指导站、体育活动中心、体育俱乐部等，建设社区体育组织网络，充分整合各项体育资源，联合医疗卫生部门，积极开展体育医疗、体育健身指导、健身处方等服务，并逐步扩大开展范围，努力实现体育健身公共服务常态化，形成体育服务体系。

2. 建立符合全民健身自身发展的管理体制

（1）在组织机构上，可以建立由人民政府、街道办事处、居委会和体育活动站四个层次组成的社区体育管理机构，政府负责牵头，街道作为实施主体，居委会为组织依托，活动站为活动基地，建设一个规范的社区体育管理体系，为我国城市地区普及全民健身活动做好保障。

（2）针对农民的实际情况，将政府工作重点放在宏观调控和基本设施建设上，建立规范的管理体系。大力发展新农村全民健身建设，充分调动农村群众的积极性。鼓励大胆创新，建立新型管理机制，以农村体育基础设施建设为切入点，号召农村学生走出校园，到农村社区参加农村体育活动，展示出体育的魅力与特色，实现农村学校与农村群众的联动，以此推动农村体育的发展。

(3)实现群众体育组织实体化，鼓励自我发展。推进群众体育的社会化管理，将民间自发性的体育协会转变为具有法人资格的体育社团；结合群众爱好，建立群众体育俱乐部，社区内兴建体育场馆，自主运营和管理；基层政府自建街道社区服务中心，推行街道体育管理，制订辖区内群众健身计划，通过宣传，采取宏观指导性管理，提供骨干分子培训与指导服务。通过群众社团和群众体育俱乐部的建设，使群众体育运动市场化、商业化、产业化，谋求自我发展。

(4)实现群众体育管理体制的"人本化"。政府充分贯彻"人本化"的群众体育管理理念，在社区体育、乡镇体育、农村体育中采取相应的管理方式与措施。在经营型群众体育的管理上以经营者为中心，为他们提供更好的发展空间，充分调动他们的热情。随着社会不断加强法治和民主的观念，群众体育管理要体现"以人为本"的管理理念。

(5)实现群众体育的生活化。体育组织利用自身资源，依靠组织成员的力量，尝试经营自主、管理自主、服务自主的一体化，做到"活动时间固定、活动场所稳定、活动内容稳定"，实现群众体育生活化。

(三)建立全民健身管理网络，加强各横向部门之间的联系

在全民健身体系中，管理网络充当着指挥系统的角色。全民健身管理应构建由中央、省(市、自治区)、区(县)、办事处(镇)和社区的各级一线体育组织逐级相连，构成一个纵向的网络体系结构。

各级政府体育管理部门要敢于转变职能，发挥出调控和指导的作用，对公益型的群众体育组织的管理工作负责，充分发挥体育总会、体育中心、单项体育协会的作用，大力推动社区体育指导机构的发展，为群众性健身活动提供组织保障。在全民健身服务体系中，每个角落都要有组织服务的身影，其在全民健身的活动中具有重要的功能。

构建全民健身网络管理系统要符合整体性原则，以确保全民健身组织管理体系的协调、筹划、管理及实施得以顺利实现。在构建管理网络的过程中，要格外关注体育基层管理组织与其他体育组织的联系，因为各组织之间联系越密切，越有利于管理体系中各因素的协调。通过管理组织与其他部门的密切联系，在政府和社团之间架起沟通的桥梁。

(四)加强基层全民健身管理队伍建设

全民健身运动能否顺利开展除了要得到领导的重视，也要有强力的管理队伍作为保障。各级政府在全民健身的相关工作中有一项重要职能就是加强基层全民健身管理队伍建设。

首先应进一步加强全民健身管理人员对有关健身的理论知识及灵活运用专业工具与技

能的培训；其次应改变管理人员的传统思想，加强管理者与健身群众的沟通互动，在组织内外形成良好的关系网络，形成协作精神和团队精神，营造良好的管理氛围，使所有群众都有机会表达自我，进而管理人员能充分了解人民群众在健身方面的真实需要，使全民健身资源在全社会的合理配置得以实现。

（五）完善全民健身管理的立法、执法、监督机制

"法制化"是各领域发展的必然趋势。在群众体育健身管理体制的建立和实施中，要将群众体育管理、推动全民健身计划推向法制化。充分宣传与普及《体育法》，创建和谐的体育健身法制环境，增强管理人员的法制观念，提高群众的法制意识，加快配套立法，推进体育管理体制和运行机制改革的立法，推进群众享有健身权利、提高公民身体素质的立法，使政府部门到人民群众的法制意识和能力都有提高。

（六）解决全民健身不平衡发展问题

在新形势下，全民健身管理工作的重点是协调城市与农村在体育发展上的不平衡，难点是农村体育的发展。农村体育作为全民健身体系中的难点，在组织管理网络建设中要打破城市农村发展不平衡的这种局面，加大对农村体育的投入，加强农村地区的基础健身设施建设，广泛开展适合农村群众特点的体育活动，为农村群众参与健身提供便利。

应该建立基层体育管理队伍，做好农村社会体育指导员的培训与队伍建设，农村群众健身意识的增强需要管理者的引导，农村体育资源的配置和利用也需要管理人员的努力。

另外，鼓励和支持民间团体成立农村体育项目单项协会。由于我国经济发展在东西部之间有着明显差异，所以管理体制上也要分开实施。西部地区经济不发达，社会组织尚未成熟，不足以承担相应的职能，所以只能采取政府管理型体制。而在经济发达、体育市场有一定发展的东部地区，社会管理型的体育体制具有广阔的实施空间，能发挥重大作用。因此，建议继续推行并完善这种双重的体育管理体制，为此国家与社会要相互协调，进行体制、职权与责任的调整与完善。

第四节　全民健身指导体系建设

一、全民健身指导体系的构成

（一）全民健身指导体系的人力资源

1. 社会体育指导员

社会体育指导员是指在群众性体育活动中专门对健身者进行运动技能传授、健身指导和组织管理工作的人员。社会体育指导员的执业资格受到专门的评审，由国家认定，分为国家级、一级、二级、三级。

具体来说，社会体育指导员有如下工作。

(1)组织、带领社会成员参加健身活动

目前依然有人体育意识淡薄，对体育健身没有一个积极的态度。因此，社会体育指导员承担着宣传、发动群众参与到健身活动中的使命。为此，要采用多种方法与形式，如讲座、理论培训、参观交流等，调动广大群众的积极性，增强群众的锻炼意识，促使他们主动参与到体育健身之中。

(2)指导群众科学健身，提高锻炼效果

许多群众抱有极高的健身热情，但因为缺少体育知识和科学指导，使得他们的健身效果很差，甚至因方法不当而出现运动损伤。此时，社会体育指导员需要发挥积极作用，为人民群众带来科学的健身指导服务，包括宣传健身知识、指导体育健身、医务监督、制订健身计划等，促进群众锻炼的科学化。

(3)提供健身锻炼方面的信息

社会体育指导员不仅要能对群众答疑解惑，还应主动向他们提供健身信息，比如锻炼场地分布、器材讲解及购买、经营性健身场馆的收费及设施情况等。社会体育指导员在必要时要进行一定的商业体育设施指导和管理工作。

2.其他体育管理人员

全民健身中其他人力资源包括各类体育管理干部、体育教师和参与全民健身指导的志愿者等。

(二)健身辅导站

健身辅导站是在国家宏观调控下，政府与社会力量共同兴办的健身机构，是人民群众广泛参与体育活动的中心，具有教练人员、练习地点和练习时间固定，是满足群众多样化、多层次体育健身需求的重要场所。健身辅导站有如下作用。

(1)宣传健身理念，营造良好的体育健身氛围

健身辅导站要有计划地开展健身宣传活动。如“全民健身宣传周”等，利用多种传播媒介，采取多种形式，扩大宣传效果。例如，可设置体育健身板报，广泛地动员和引导社区居民积极参加体育健身活动，也可以设置醒目的宣传海报，编辑发放健身宣传资料，定期开展体育健身咨询活动。

(2)提供运动场地，组织和指导群众科学健身

健身辅导站要发挥骨干作用，引导社区、村镇居民广泛开展体育活动，以推动基层全民健身为目标，通过各种形式的健身活动，提高人民群众健身活动参与率，从而推进全民健身计划的实施。

(三)健康咨询中心

健康咨询中心是以提升人民健康、改善生活质量为目的的专业机构，为人民群众提供专

业的运动健身知识，从基础生理、心理、营养等领域介入，指导健身者进行身体舒压、肌力强化、肌肉伸展、心智训练、放松训练，同时提供营养知识普及，设计营养处方。健康咨询中心主要作用如下。

(1)使健身者了解自己的身体素质、疲劳恢复能力、心血管等功能的量化数据，从而知道自己适合哪些运动，最佳强度，锻炼效果，存在的缺陷等，从而更好地进行锻炼。

(2)健康咨询服务。向群众提供运动营养咨询、健身方法手段咨询、减肥方法咨询、运动技术咨询、运动康复咨询等，随时为群众的体育锻炼提供指导。

(3)为群众建立健康档案，并结合具体情况开出运动处方。对于健身者来说，日常健身要根据不同情况确定相应的活动内容，并根据提高自身的需求对健身活动方式进行调整，从而取得好的效果。健康咨询中心可以给健身者建立体育健康档案，对健身者的身体状况进行测量、研究、分析、评估，并将数据保存在电脑中，使健身者在以后的体育健康咨询中从量化数据对比来检验自己的健身效果，养成科学的体育锻炼的习惯，并制定出与个人实际情况相符的运动处方。

(四)体质监测站

对体质监测站的相关研究在第一节已有阐述，因此不再赘述。

二、全民健身指导体系的建设

(一)建立完备的媒体信息传播系统，进行系统的宣传活动

为了深入开展全民健身工作，要充分利用电视、广播、报刊、网络等传媒渠道的资源，大力开展体育法规、健身方法等方面的宣传工作，使群众加深对体育法规的认知，主动传播科学的体育健身知识和科学锻炼方法。

各级体育管理部门要意识到媒体宣传的重要性，要及时为人民群众发布运动健身和体育消费的业内信息。电视台和广播电台可开设健身专栏，邀请体育专家做客，讲述体育健身的科学方法和相关知识，解答群众在健身中的问题。报纸也可开设体育健身专栏，宣传科学健身的知识、方法和作用。还可以通过公益广告的形式，以生动的语言和形象的动画宣传《全民健身计划纲要》《体育法》和《全民健身条例》，形成一股学习的氛围。此外，现在是互联网时代，要充分利用便捷、快速的网络，提高体育健身服务体系整体功能和服务水平，将各类信息资源统筹并优化整合，服务于全民健身活动。

(二)全民健身指导体系中人力资源的培养与开发

1.社会体育指导员的培养途径

(1)制订发展计划

建立一支作风好、素质高、能力强的职业社会体育指导员队伍，使其不断发展壮大。更新和引进健身活动新项目，以满足人们不断革新的需求，以高质量服务于群众。要为社会体

育指导员创造优良的社会环境，使得社会认可社会体育指导员这个职业，尊重他们的劳动，激发他们的工作热情。重视业余、兼职社会体育指导员的作用，鼓励提倡志愿者进行无偿或低偿服务。

(2)完善社会体育指导员的培训制度，重点优化培训内容

培训目标要将社会和群众对社会体育指导员的需求密切结合，明确区分不同类别、不同级别、不同项目的社会体育指导员在体育健身指导中的具体作用，完善培训制度，建立监督机制，定期进行进修和培训。在培训内容上，通过创新手段，突出知识的时代性和应用性，充分体现知识与信息的更新；增设实践课内容，凸显指导员的主体地位，将学习的自主权交给学员，建立统一的考核制度。

(3)完善社会体育指导员的继续培训制度

在现行的培训制度中，随着培训学习的结束、资格证书的取得，指导员会自然而然地放松，难免存在适应不了群众日益变化的需求情况。因此，要引入社会体育指导员继续培训的全新概念，建立适应时代发展要求的社会体育指导员培训制度，使已获得资格的社会体育指导员满足群众的新要求，确保正常工作。

(4)建立培训基地，构建社会体育指导员管理网络体系

要建立社会体育指导员培训基地，定期请业内专家提供理论与技能指导。建立完善的社会体育指导员管理网络，对已获资格证书的社会体育指导员的基本信息进行登记，为他们提供业务指导、就业信息，推荐就业岗位；建立服务对象信息档案，社会体育指导员和健身者打造一个网上互动交流平台。

(5)科学划分社会体育指导员的类别，建立管理机制

我国的社会体育指导员主要有青少年体育指导员、职工体育指导员、老年人体育指导员、休闲娱乐体育指导员、医疗康复体育指导员、竞技体育指导员等，不同种类上的培训经费有所不同。休闲娱乐指导员、竞技体育指导员、医疗康复指导员属于有偿服务，他们的培训经费应该自己解决；其他类别指导员属于公益服务，国家应当帮助他们解决培训经费，并给他们安排工作渠道。为了更好地发挥社会体育指导员的个人特点优势，更有效地进行指导工作，还可以对他们进行更细致的分类，如足球指导员，健身操指导员等。

(6)加强社会体育指导员的资格认定及监督体制

我国社会体育指导员的管理是由各级体育行政部门来负责，要完善相应的政策法规，采取行政手段进行管理，对社会体育指导员资格认定制度进行改革，规定培训课程内容、时数及考核标准，在培训和管理过程进行监督，采取严格的实施办法、审批手续，实行规范的资格证书颁发程序；制定社会体育指导员评聘制度，实行工作量计算法。

(7)全国各体育学院要发挥其龙头作用

国家级社会体育指导员培训基地和各省、市、区培训基地、站、点在社会体育指导员培训

方面要充分体现出主渠道的作用。积极利用高校资源进行社会体育指导员培养，组织高校体育专业学生积极参与到社会体育指导员的申请与考核，以培养更多专业性强且对于各种人群都适用的管理指导的一体化人才。

2.其他体育管理人员的培养途径

(1)制定体育管理人员培训制度，促使管理人员学习新的管理知识和先进的管理经验，提高自己的知识水平和技能水平，从而提高工作效率，促进我国全民健身事业不断发展。

(2)充分发挥辖区内行政单位的体育干部、体育教师、业余体校教练员、特别是热爱体育的体育特长生和退休人员的作用，动员他们参与到全民健身活动的组织与技术指导工作中去。

(三)高校社会体育专业健身指导人才的培养

1.更新教育理念，开放办学形式

高校社会体育专业教育要强调学生的主动性和创造性，培养学生独立思考、善于探索、勇于创新的精神，做到从高校中来，到社会中去，广泛联系运动训练队、体育俱乐部、社区体育活动中心、体育培训班、各健身活动场所，采取多种形式与社会联系和合作，最大限度地将理论应用于实践，再在实践中总结理论经验，使学生在实践活动中实现自我塑造、自我完善和自我发展。

2.优化教学体系，创新教学内容，灵活教学方法

科学合理知识结构的形成源自系统的课程体系，因此，要对课程结构体系进行优化：增加课程的实用性，如体能测试与评价、运动处方、运动监控、运动后恢复、运动营养、运动损伤的应急处理等；加大实践课的比例，提高学生的基本技能，激发其创新热情；协调好必修与选修的比例；注重教学内容的前沿性，让学生了解社会体育指导中最前沿的内容。在教学过程中可以采用答疑、小组讨论、案例分析、提问等启发式的教学方法，拓宽思路。

3.构建科学教学评价体系

根据评价的相关理论，建立横向维度(基础性要素指标：教师行为—学生行为)和纵向维度(过程性要素指标：教学目标—教学方法—教学过程—教学效果—教学反思)的评价体系，对教学的整个过程进行评价。

4.树立终身学习的教育观念

对于健身指导人才来说，不断学习、不断创新才能顺应时代潮流，在工作中了解服务对象的需求。据有关研究表明，大学期间只能获取10%的知识与技能，其余的90%都要靠在工作期间的学习来累积。因此，对于高校社会体育专业健身指导人才来说，要树立终身学习的观念。在校期间主要培养学习习惯，掌握正确的学习方法，而走入工作岗位后就是实践，要接受各种挑战。

(四)开发健身指导系统软件

随着全民健身工程的开展与推广，健身的理念已得到绝大多数人的认可，相关的科学研

究工作已全面展开，并取得丰厚成果。这些研究成果目前已应用于健身指导实践，直接创造社会效益，成为实现科学健身的重要措施与重要环节。

在全民健身指导中，要发展健身指导理论中相对成熟的部分与计算机技术相结合的相关软件的开发，通过实际应用，将科学健身指导方法运用于全民健身指导实践中。目前与健身指导相关的软件有体质评价、运动处方以及营养膳食软件三类，相关人员成人体质测试智能评价系统、运动处方专家系统、营养指导软件等，已经广泛应用于全民健身指导中。这些软件发挥了自身的作用，通过实践也证明了健身指导软件开发是可行的、必要的。

我国研制开发的系统软件只涉及体质评价、运动处方及营养指导这三个部分，而运动监控和健身效果评价则尚未涉及。涉及面不全，就会导致健身指导软件系统的实质功能和健身指导的科学性受到影响。因此，结合体质监测的实践经验，遵循科学性和应用普及性原则，将体质评价理论与计算机技术相融合，逐渐向系统化、智能化和信息化发展，开发出更好的系统软件，为全民健身指导服务。

（五）建设全民健身指导网站，构建社会体育指导网络系统

全民健身类网站能够传播多种信息，具有报道健身消息、传播健身知识、指导健身方法、介绍健身手段、宣传健身活动等多种功能，可以把全民健身的相关信息在第一时间内传达给广大网民，在全民健身活动的普及和宣传中处于重要地位。

在网站的栏目设置中要遵循全民健身的纲领，为全民健身活动提供科学指导，推动全民健身运动实施，引导群众具有健身娱乐方式，为国家实现“中国梦”做出应有贡献。在网站建设中，要有网站数据库、图形数据库、专家互动平台、友情链接，在布局设计上要做到美观实用，优化页面代码，建立站点镜像，提高网站的IP，使用户能浏览到大量信息，满足自身需求。在网站的主要内容中，要收集健身者提出的相关问题并做出解答，对健身者的健身提供相应的指导；为用户提供大量健身信息；为广大用户提供大量的健身锻炼的音像文字材料，方便用户自行学习；开设论坛功能，使用户能在网络上找到自己的健身伙伴，从而达到相互交流、共同进步的目的。

（六）健身辅导站的建设

1. 充分发挥各专业协会和辅导站的职能作用。每年由各专业协会和辅导站负责人罗列辅导站的全年培训计划，标明所需经费，将其列入财政预算之中，积极为辅导站工作提供资金保障。此外，对工作过程中的交通、通信费用也要尽量解决。

2. 建立科学的管理制度。为了确保健身体育辅导工作经常化、规范化，应该建立健身辅导站工作时间表和活动安排表，在健身时间、健身活动内容等方面安排清楚，以满足大众多元化的健身需要。

3. 将社会体育指导员分配到各个健身辅导站点。把已获得上岗资格的指导员和志愿者

根据类别配备到各指导站中，使他们为健身人群提供服务。

4.建立健身辅导站奖惩机制。确立以发展和保持体育人口、为健身人群提供健身服务的数量和质量作为评价标准，以享受指导服务的健身者为评判者，政府有关部门为实施奖惩行为者，对健身辅导站进行评价。

5.政府通过引导，为建立市场化运作的专业健身辅导站提供政策支持，构建多层次健身指导体系，通过市场行为发挥出健身指导的相关功能，为相关群体提供服务。

(七)健康咨询中心的建设

1.政府相关部门通过行政手段和政策进行引导，成立公益性质的健康咨询中心；支持社会组建体育健康咨询中心，提供有偿咨询服务，进而形成以公益性健康咨询中心为龙头、众多社会体育健康咨询中心为主体的体育健康咨询中心体系。

2.组织体育健康咨询中心咨询员。公益性健康咨询中心对相关工作人员进行组织，社会体育健康咨询中心可以通过招聘聘请相关专业人员。专家组由临床经验丰富的医生、有体育健康咨询经验的体育工作者、具有相关专业知识的心理医生和社会体育工作者等人员共同构成，根据对象的性别、年龄、个性特点、身体状况和文化程度，开展一对一的健康教育，提高群众的健康水平和卫生保健能力，满足群众需求。

3.配备相应设备，包括但不限于身高体重器、听诊器、血压器、秒表、皮褶厚度测量仪、心电图机、肺通气功能测量仪、跑步机、骨密度仪、握力器等实验室仪器，功率自行车等。

4.制定运动处方前，应先询问健身者的健康状况和既往病史，了解其参加健身或康复运动的目的等个人情况；对健身者进行体检，包括身高、坐高、体重、胸围、肺活量、皮脂厚度、肺部听诊、脉搏、血压、心脏听诊、心电图、视力等；在实验室进行检查，包括心肺功能、心血机能、心脏工作范围、运动恢复能力、人体工作能力及耐力水平、呼吸系统的功能、自主神经的功能、运动神经系统的功能；进行体能测试和运动试验；最后是修改、微调、确定运动处方。运动处方的制定应当具有较高的科学性及对健身活动的指导性，对健身者选择健身方式具有重要的参考作用。

(八)建立绩效评价体系

绩效评价是指组织按照既定标准和一定的评价程序，运用科学的评价方法，按照评价的内容和标准，对评价对象的工作能力、工作业绩进行考核与评价。绩效评价体系由一系列与绩效评价相关的评价制度、评价指标体系、评价方法、评价标准以及评价机构构成。

全民健身指导体系绩效评价主要是针对全民健身指导的目标、过程、结果等评价，通过科学合理的绩效评价，可以及时寻找到工作中的不足，使得全民健身指导体系更加完善。如果没有对全民健身指导体系的绩效评价，那么全民健身指导体系就无法正常运转。因此，我们应当针对全民健身指导体系中人力资源、健康咨询中心、健身指导站、体质监测站等子系统，构建绩效评价体系。

例如，我们可以为社会体育指导员、各类体育管理干部、体育教师和其他参与全民健身指导的志愿人员，在动机、情绪、意志、人格、态度等方面进行测试，发现其在全民健身指导体系中真实的心理状态。在此基础上，一方面可以通过绩效评价，鼓励员工不断进步，提高自己的工作能力、知识和技能，并通过绩效评价来进行淘汰与升迁；另一方面，也可以通过绩效评价来帮助员工个人、团队和整个组织的能力发展。

第六章 全民健身公共服务运行的机制原理

第一节 全民健身公共服务的理论系统结构及功能

原理是自然科学和社会科学中具有普遍意义的基本规律，是在大量观察、实践的基础上，经过归纳、概括而得出的，既能指导实践，又能接受实践的检验。体育公共服务的运行原理是为了迎合公民的体育需求而提供体育产品或劳务的过程的基本规律。理论系统和实践系统、动力系统、战略支点及相关后勤保障系统构成体育公共服务运行的全过程。体育公共服务系统结构根据政府体制、经济发展、历史文化和服务内容的不同而变化。体育公共服务由理论系统和实践系统构成，其中包括各结构要素及其功能。体育公共服务发展的动力源要素主要表现在以下两个方面：第一，自上而下的国家政策、供给方式的推动。第二，居民参加体育活动的需求拉动，要增强体育公共服务发展的整体动力，两者必须有机结合起来才能形成。我国体育公共服务供给不足，除了主要是财政投入较少外，体育公共服务主体构建、供给模式和保障机制问题等才是体育公共服务供给不足本质上的原因。因此，新时期体育公共服务发展的支撑点就是体育公共服务体制与运行机制的健全与完善。

一、体育公共服务定位

定位即确定位置、范围。服务定位要体现超前性，以敏锐的洞察力从复杂多变的形势中科学预测未来的发展趋势，准确把握发展规律，放眼长远，超前思考，把工作做在前头。服务定位要体现求实性，以群众需求为第一信号，深入基层，体察民情，关注群众的冷暖，倾听群众的呼声，常思为民之策，常行为民之举。定位失当，找不准自己的位置与角色，即使工作过程付出努力，也不会收到好的效果，出现以下局面：一是“包揽式”服务。一讲服务就大包大揽，忽视企业在市场经济中的主体地位，政企不分，不该政府管的事也管了，不该政府干的事也干了，貌似无微不至，实则越俎代庖。二是“喂奶式”服务。只是在基层和群众碰到困难、找上门来时才提供服务，只帮助解决一时一事的问题，工作被动应付，缺乏主动性。三是“家长式”服务。摆不正位置，放不下架子，以自我为中心，视服务为施舍，主观武断，随意性大。四是“保姆式”服务。把自己当作保姆，将服务工作简单化、一般化，局限于跑跑、看看、问问，满足于低层次服务。

目前，从我国体育公共服务发展的实际情况来看，定位问题重点在于明晰体育公共服务目标，清算体育公共服务资源，确定体育公共服务内容，界定底线体育公共服务，强化政府对于底线体育公共服务内容的供给主体职能，着眼部分体育公共服务的市场化途径。体育公共产品内在的非竞争性和非排他性的特点，决定了政府必须在体育公共服务供给中居于主体地位，这也是我国经济社会发展的必然。在国家规定的底线体育公共服务之上，发达地区可根据良好的财政状况，适当提高体育公共服务供给水平。而经济落后地区，地方财政能力有限，则可按需通过中央转移支付方式协助地方担负起底线体育公共服务的责任。

二、体育公共服务政策

政策是国家或政党为实现一定历史时期的路线而制定的行动准则，是国家政权机关、政党组织和其他社会政治集团为了实现自己所代表的阶级、阶层的利益与意志，以权威形式标准化地规定在一定的历史时期内，应该达到的奋斗目标、遵循的行动原则、完成的明确任务、实行的工作方式、采取的一般步骤和具体措施。体育公共服务政策是体育公共服务发展的“导航仪”，决定着体育公共服务发展价值目标的判断与发展方向的选择。政策主体对复杂的利益关系进行调整的过程便是体育公共服务政策形成过程。体育公共服务政策对于调整我国体育公共服务城乡不均衡、区域体育公共服务运行的机制原理不均衡、阶层不均衡等状况发挥着指导性作用。在体育公共服务发展政策的制定，原则上应当坚持因地因时制宜与整体统筹协调发展原则。在贯彻体育公共服务发展的基本理念的基础上，更应当根据地方的居民结构、经济发展水平、文化特色和居民生活质量统筹考虑，体育公共服务建设与经济发展的可行性统筹考虑、城市化区域与郊区乡村统筹考虑。在体育公共服务发展目标政策制定上，应以改善居民生活质量为目的，但更需要注重身体健康、持续发展；与此同时，农村居民作为我国人口的重要组成部分，应是体育公共服务面向的重点。

三、体育公共服务模式

模式是某种事物的标准形式或使人可以照做的标准样式。体育公共服务模式与社会经济、文化传统等因素相关。在当前的社会背景条件下，要发展体育公共服务，首先要明确政府部门在体育公共服务供给中的职能。体育公共服务的有效供给需要政府发挥主导作用，更需要企业、社团等多元主体的积极参与。政府可以通过体育公共服务的市场化制度，创新服务供给模式。这既是公民对体育公共服务的需要，也是转变政府职能、变革治理方式，创新体育公共服务提供体制与机制的需要。体育公共服务资源的主要投向由体育公共服务结构决定。体育公共服务的基础设施、体育公共服务的政策、体育公共服务法律体系必须由政府提供，明确中央、地方各级政府的体育部门在体育公共服务提供上的职责，要做到分工明确。其次，通过法律手段为体育公共服务的发展提供财政预算保障。

四、体育公共服务管理

管理是负责某项工作使顺利进行，是保管和料理，是照看并约束，是制定、执行、检查和改进。制定就是制订计划（或规定、规范、标准、法规等）；执行就是按照计划去做，即实施；检查就是将执行的过程或结果与计划进行对比，总结出经验，找出差距；改进首先是推广通过检查总结出的经验，将经验转变为长效机制或新的规定；再次是针对检查发现的问题进行纠正，制定纠正、预防措施，以持续改进。广义的管理是应用科学的手段安排组织社会活动，使其有序进行。狭义的管理是为保证一个单位全部业务活动而实施的一系列计划、组织、协调和控制活动。管理是相关人员在一定的环境条件下，对组织所拥有的资源（人力、物力和财力等各项资源）进行计划、组织、领导、控制和协调，以有效实现组织目标的过程。随着我国从计划经济向市场经济的转变，社会原有体制不可避免地出现了难以适应新的社会发展需要的现象。在当前和今后的一段时间内，我国体育公共服务管理面临的主要问题是群众日益增长的体育需求与体育产品及劳务不足之间的矛盾。把握市场在体育公共服务领域的适度作用，恰当认识政府在体育公共服务管理中的定位，实现体育公共服务资源合理分配是缓解矛盾、解决问题的途径与方法。鼓励我国公民体育公共服务的需求表达，强化制度化建设，保障公民享有平等的参与权力；加强体育公共服务政策制定过程中的公民参与力度，营造良好的民主环境方便公民表达体育公共服务需求；增强政府体育行政部门服务能力，增强对公众需求的反馈意识与能力，把公众满意度作为衡量体育公共服务供给效果的根本标准。

第二节　全民健身公共服务实践系统结构及功能

系统是同类事物按一定的关系组成的整体。体育公共服务的实践包括体育公共服务管理、体育公共服务的规划、体育公共服务的融资、体育公共服务的供给和体育公共服务绩效评估五个方面。

一、体育公共服务规划系统

规划是比较全面的长远的发展计划，是对未来整体性、长期性、基本性问题的思考、考量及行动方案的设计。加强规划是贯彻落实科学发展观的需要，是提高政府工作水平的需要，是加快政府职能转变的需要。体育公共服务的规划系统的主要作用，就是指导整个体育公共服务实践，使其有据可依。一要确保基本体育公共服务体系建设与国家经济、社会发展规划相衔接，与地方经济社会发展战略定位的目标指向相匹配，合理制定公共体育服务的发展规划。二要根据国情和公共需求的发展变化，制定和实施体育公共服务建设的总体及各分项发展规划，明确公共体育服务体系建设的基本原则、价值理念、指导思想、基本思路、目标任务与实施步骤，不断提升服务品质，提高服务绩效。体育公共服务规划系统包括宏观、微观两大部分。体育公共服务规划系统至少包含五个环节：第一，体育公共服务目标、标准的规划。第二，体育公共服务实施主体的规划（即任务的分工）。第三，体育公共服务的实施方案的规划。第四，体育公共服务实施过程监控的规划；第五，体育公共服务实施效果反馈的规划。根据监督和反馈的结果，针对已出现的问题及不良现象，提出解决方案，完善后续体育公共服务规划系统。

二、体育公共服务融资系统

融资通常是指货币资金的持有者和需求者之间，直接或间接地进行资金融通的活动。广义的融资是指资金在持有者之间流动以余补缺的一种经济行为，这是资金双向互动的过程包括资金的融入（资金的来源）和融出（资金的运用）。狭义的融资只指资金的融入。体育公共服务融资的目的在于为繁荣与发展体育公共服务事业提供足够的资金支持，受体育公共服务自身特性的影响，其资金的筹措应遵循公平与效率兼顾的原则，既要反映资源优化配置的要求，又要反映社会责任与公众利益的需要。

我国目前财政和税收体制实行的是“分税制为基础的分级财政”。中央政府只占总预算开支的30%左右，其余的在四级地方政府之间分配。因此，我国中央和地方政府的权事划分及财政税收体制，决定了体育公共服务作为政府服务模式是有层次的，可分为中央、省（直辖市、自治区）、地级市（区）、县（市）、乡镇（街道）五个层次。体育公共服务分级供给体制，进一步明晰了各级政府的责任和义务，即中央政府提供体育公共服务面向全国，地方各级政府提供体育公共服务面向本地区。体育公共服务的融资主要是依赖于政府出资、服务收费、民间捐赠三种方式。就体育公共服务资金来源的发展趋势来看，政府出资、服务收费及非政府公共部门参与是体育公共服务融资的主要方式，吸引更多的部门以慈善、福利方式参与体育公共服务是新时期体育公共服务融资系统的需要。第一，体育公共服务代表着广大群众的公共需要，应该予以优先保障，但实际上，政府用于满足公众公共需要的资源是有限的。政府在分拨资金用以满足各种公共需要时，要进行慎重的权衡和选择。因此，要加强体育公共服务的相关立法，使体育公共服务作为公共产品与服务，代表广大群众的切身利益成为必要出资项目。同时，要加强政府出资的透明度，使政府投资行为得到有效约束。第二，服务收费是指政府向居民提供体育公共服务设施、实施体育公共服务管理或直接提供体育公共服务劳务而直接向使用者或受益者收取的费用。服务收费要建立相应的准则及监督机制，要保证体育公共服务不以追求利润为目的的宗旨。第三，民间捐赠是捐赠人自愿向受赠人无常赠送财产及产品的行为。虽然，这种融资方式还不是我国体育公共服务融资的主要方式，但要自始至终的坚持民间捐赠的自愿性。国家应制定减免税收等适当利益补偿方式鼓励捐赠行为，进而减轻政府出资压力，不断提高体育公共服务质量。

三、体育公共服务提供系统

公共服务的提供又称公共服务的供给。公共服务的有效供给是衡量政府绩效以及经济社会发展的重要指标。公共服务供给能力是政府依照自身经济条件和财政资源约束，在一定的公共支出偏好下所应该提供的合理公共服务数量。当前，我国正处在公民公共需求增长快、变化大、诉求强烈，而政府公共服务供给能力有限的特殊阶段。影响政府公共服务供给能力的原因有三：第一，我国公共服务的投入低于世界平均水平，公共服务覆盖面太窄。第二，已有的公共服务，在实施中被异化。第三，政府公共政策的制定，个别方面有失公平。这三个因素集中在一起，凸显社会公共服务需求强烈与政府公共服务供给能力有限的矛盾。

体育公共服务供给系统主要包括以下几个问题：第一，体育公共服务供给主体是谁？第二，体育公共服务供给的内容为何？第三，体育公共服务供给的方式怎样？体育公共服务的研究是当下体育学科研究的重点及热点，很多问题广受争议。根据我国体育公共服务现状及发展的趋势，体育公共服务必将出现多元化、分层化、市场化的供给方式，以满足不同区域、不同阶层公民的体育公共服务需求。这就要求政府首先做到认识到位，分析到位。认识自身所能与自身所不能，分析政府、市场各自的优势，合理进行资源配置，强化监督机制，使城镇、农村各级各地的公民都能享有所需的体育公共服务。

四、体育公共服务管理系统

公共服务是21世纪公共行政和政府职能转变的核心理念。经济的迅速发展带来了生活质量的不断提高与公民需求的日益多元化，科学发展观与和谐社会的发展理念下，公共服务管理面临诸多的问题与前所未有的挑战。各地区环境的特殊性，政府公务人员管理到服务转变意识的淡薄，绩效评价体系的不尽合理，公共财政的匮乏与公共服务供给模式的单一化等，都严重制约和影响着公共服务管理。依据现实需求，推进民族地区公共服务管理创新，完善公共服务体系，逐步实现基本公共服务的均等化，是实现民族地区经济社会和谐与可持续发展的必要选择。体育公共服务管理系统由总体统筹规划层、特定领域和部门管理层、具体服务单位层，以及需求回应性处理层四个层面。各层面职能主要是根据现有国情、本地区的财政能力和人口阶层来确定体育公共服务的总体目标、水平、策略、原则等政策、措施。

五、体育公共服务绩效评估系统

绩效评估是对政府部门的工作效率、能力、服务质量、公共责任和公众满意度的分析和评议，对其管理过程中的投入产出反映出的绩效进行评定和划分等级。政府部门的绩效评估是指运用一定的评价方法、量化指标及评价标准，对政府部门为实现其职能所确定的绩效目标的实现程度以及为实现这一目标所安排预算的执行结果进行的综合性评价。公共服务绩效评估是一种以服务质量和公共需求满意度为第一评价标准，蕴涵了公共责任和顾客至上管理理念的综合评估机制。其基本含义是：按照一定的标准和程序，运用数理统计、运筹学等原理和特定的指标体系，对被评估对象在一定期间的经营或服务业绩做出综合评价。体育公共服务绩效评估是运用科学的标准、方法和程序，对政府体育公共服务的业绩做尽可能准确的评价。体育公共服务的公益性特征决定了体育公共服务绩效评估不能以经济指标作为评价标准，而应该重点考察体育公共服务的效率、效果，公众对体育公共服务的满意程度。体育公共服务绩效评估是改进体育公共服务质量，转变体育公共服务方式的依据，是对社会公共资源进行监督的有效方法，是对政府部门提高管理、服务能力的参考，是合理配置体育资源，实现和谐发展的重要支撑。

由于体育公共服务的内涵、外延还有待商榷，因此，关于体育公共服务绩效评估的研究目前尚处于初级阶段。因为缺乏相应的政策、法规的保障，已有的体育公共服务绩效评估难免存在随意性较大、主观性较强的现象。规范化、标准化、统一化的体育公共服务绩效评估系统是体育公共服务良性发展、有效运行的迫切需要。体育公共服务是一项庞大的公共服务体系，亦是体育事业发展的重要组成部分，其涵盖的内容包罗万象，大到竞技体育的发展，小到某一乡镇的体育公共服务供给，都是该体系应该考虑的问题。体育公共服务绩效评估作为对整个体育公共服务效果进行评价的体系自然也有其针对性的评价标准。体育公共服务绩效评估系统的建立首先要明确评价的对象是什么？是国家、省、市或某个区域的整体体育公共服务情况，还是个别体育公共服务供给部门的决策制定及执行情况？然后要确定评价的内容是什么？政府资金的投入、体育设施的建设、公众的参与情况、公众的满意度等都是其评价的内容。另外，要确定评价的主体是谁？是政府的监督部门、普通的公民还是专业的评价机构？无论是哪些人抑或哪些部门，保证评价的客观性、公正性是选择的前提。最后，还要确定评估方法、评估原则等，为评估结果的真实性、准确性、有效性提供保障。总之，不同的对象、不同的环境应有不同的绩效评估系统，没有普适性的绩效评估指标体系，要在体育公共服务绩效评估实践中灵活运用。比如，推行行政责任制度，明确各级政府的体育责任，把能否最大限度地满足广大公民的体育权利、是否重视和满足不同社会群体特别是弱势群体的体育权利，作为政府的绩效考核指标。

六、体育公共服务监督系统

监督即察看、督促。体育公共服务监督就是对体育公共服务政策的制定予以监制，对体育公共服务的实施过程进行监控，对体育公共服务的绩效评估给予监察，对体育公共服务的整体效果及时反馈，督促体育公共服务提供主体调整完善体育公共服务体系的系统。矫正体育公共服务体系的偏差，真正实现科学化发展体育公共服务，突破点在于建立有效的体育公共服务监督系统。监督是公共服务提供的重要组成部分，是公共服务价值得以体现，质量得以保障的关键问题。根据公共服务递送过程划分为提供与生产两大环节的逻辑，监督可以分为两个层面。一是公民对提供主体和生产主体的监督；二是提供主体对生产主体的监督。

从目前我国的实际情况来看，体育公共服务提供的主体是政府，那么，体育公共服务监督系统的实施主体主要分为两个层面：第一，公民，实施对政府及体育公共服务供给单位的监督。但是，一些体育公共服务的消费者还存在缺乏足够的信息去监督和评价体育公共服务的质与量的问题，比如西部及贫困地区的人们可能会对“雪炭工程”的实施背景或者相关信息缺乏了解。第二，上级部门，实施对下级部门体育公共服务规划、融资、供给、评估等流程的全面监察。实现他律与自律的结合，可以通过跟踪回访、网上投诉、举报电话等途径建立动态监测体系的公开查询制度，健全监管网络体系，对体育公共服务提供过程进行监督。健全体育公共服务监督系统，是规范体育公共服务提供主体履行体育公共服务行为的重要保障。适时加大公民的参与程度，构建全民参与公共体育服务体系的平台，通过听证会、论证会或社会公示等形式听取公众意见，促进政务公开，健全群众投诉机制，充分发挥舆论导向和监督作用，定期公布公共体育服务中的违法违章行为，加大处罚力度。增加体育公共服务提供主体的公信度，使体育公共服务能够沿着纵深的方向发展、进步，成为公众满意的体育公共服务，同时，完善规则体系，建立配套立法，通过立法，赋予体育公共服务监督机构明确的法律地位，严肃监管程序，强化问责机制，防止体育公共服务蜕变为特殊集团或特殊利益服务的工具。

第三节　全民健身公共服务运行的动力系统

动力是一切力量的来源，是推动工作、事业等前进和发展的力量。体育公共服务运行动力是引发并推动体育公共服务行为发生、发展的各项相对独立的要素所构成的相互联系、相互制约的合力系统。体育公共服务运行的动力系统包括：基础动力层、核心动力层、环境动力层。

一、基础动力层：政府职能的转变

中国社会主义市场经济虽然初步建立，但计划经济的某些影响仍然存在，尤其是体育行政部门计划体制还在较深层次、较大范围发挥作用。管理中既有行政手段，又有市场手段；既有公开的制度化手段，又有在非正式的社会关系网络系统进行的隐蔽性手段。这些阻碍了中国市场经济的步伐，影响体育健康发展。最近几年，中国政府决定转变政府职能，加大公共服务供给力度、建立服务型政府，更好地为人民服务。

政府职能是政府在一定历史时期根据阶级斗争和社会发展需要而担负的职责和功能。它是政府活动的基本方向根本任务和主要作用。政府职能转变是上层建筑适应经济基础和生产力发展的客观要求。改革开放以来,为保障和促进社会主义现代化建设事业的顺利发展,我国政府机构经历了六次政府机构改革,从简单的精简机构、减少人员数量逐步发展到转变职能和改革管理体制。随着经济体制改革的深入,政府的管理方式由微观干预转向经济调节,由全能政府向有限政府,由人治政府向法治政府,由封闭政府向透明政府,由行政控制转向政策引导,由强调管理转向强调服务。虽然目前仍然存在一些地方政府直接干预微观活动,出面管理一些不该管、管不了、管不好的事,而该由地方政府管的事,却没有管等现象,职能转变速度缓慢。政府职能的转变使社会发展更加符合客观规律,使社会民主法制更加完善,使整个社会向着更加健康、和谐的方向发展。

服务型政府已成为各级政府的基本理念,民生问题已然成为中国下一个阶段发展的核心问题。关注民生、重视民生、保障民生、改善民生是政府的基本职责。各级政府群策群力,全心全意努力解决人民群众最关心、最直接、最现实的基本公共服务的各项问题。胡锦涛总书记曾在主持中共中央政治局集体学习时指出:建设服务型政府,首先要创新行政管理体制要着力转变职能、理顺关系、优化结构、提高效能。把政府主要职能转变到经济调节、市场监管、社会管理、公共服务上来。把公共服务和社会管理放在更加重要的位置。努力为人民群众提供方便、快捷、优质、高效的公共服务。政府职能由管理型向服务型的过渡,使体育公共服务作为基本公共服务的一项广受各级政府的重视。体育公共服务应以公益、均等、便民为宗旨,以抓底线、广覆盖、可持续为原则,齐头并进发展竞技体育、学校体育、群众体育,为满足不同区域、不同阶层的公民需要办好事、服好务。同时,发挥非政府组织(简称 NGO,即 Non-Governmental-Organization)作为政府职能转变承接与合作者的作用,在解决“政府失灵”和“市场失灵”造成的社会问题中,角色定位准确,避免政府从相关领域退出后产生的职能缺位现象。近些年来,我国的非政府组织得到了前所未有的飞速发展。据民政部最新统计,截至 2007 年 6 月底,全国非政府组织为 35.7 万个,其中社会团体 19.4 万个,民办非企业单位 16.2 万个,基金会 1193 个。此外,学者们估计还存在大量没有按照政府要求进行民间组织登记注册的非政府组织,其中包括在工商注册的非营利组织、城市社区基层组织、农村社区的公益和互助组织、农民经济合作组织、城乡宗教社团、海外在华的资助和项目组织、海外在华的商会和行业协会等。清华大学 NGO 研究所的估计是 200 万～270 万之间。这些非政府组织活动遍布我国社会生活的各个领域,成为社会生活中的一支重要力量。

二、核心动力层:公民体育公共服务的需求

作为动力系统中的核心动力或源泉动力(母动力)必须具备两个基本特征:(1)要现实对社会发展诸动力因素及人们的行为活动产生深刻的影响,在其影响和激励下,社会发展诸因

素和条件得到有效的发展和充分的利用，能充分发挥其促进社会发展进步的积极作用。(2)它在诸种动力体系中居于核心地位、支配地位，没有它，其他动力都会停止做功。在社会主义动力系统中，具有与以上两个基本特征相吻合的动力就是人类的需要动力。

1943年美国心理学家亚伯拉罕·马斯洛在《人类激励理论》论文中提出需求层次理论。马斯洛需求层次理论(Maslow's hierarchy of needs)亦称"基本需求层次理论"，是行为科学的理论之一。该理论将需求分为五种，像阶梯一样从低到高，按层次逐级递升，分别为：生理上的需求、安全上的需求、情感和归属的需求、尊重的需求、自我实现的需求。五种需要可以分为两级，其中生理上的需要、安全上的需要和感情上的需要都属于低一级的需要，这些需要通过外部条件就可以满足；而尊重的需要和自我实现的需要是高级需要，它们是通过内部因素才能满足的，而且一个人对尊重和自我实现的需要是无止境的。

人从出生到死亡，都是处在相对静止和绝对运动之中的。从生理学角度来看，人需要适当、适量、适合的体育活动来促进新陈代谢，发展基本身体素质，维持和促进生理机能良性运转，从而保持和促进身体健康。从心理学角度来看，人需要适当、适量、适合的体育活动来调节情绪，缓解精神压力，表达愉悦情感。从社会学角度来看，人需要体育活动来增进社会交往与沟通。体育活动是社会凝聚力的有效载体和良好表达方式，人体对体育活动的需求贯穿于生命活动的始终。一个国家多数人的需要层次结构，是同这个国家的经济发展水平、科技发展水平、文化和人民受教育的程度直接相关的。因此，在不发达国家，生理需要和安全需要等基本需要占主导的人数比例较大，而高级需要占主导的人数比例较小；在发达国家，则刚好相反。随着我国科学技术的发展、社会的不断进步，人们低层次的需要已基本得到满足，生活富足的情况下对精神生活的追求和向往不断增强，高层次的需求正在逐步蔓延扩大。而体育尊重及自我实现的功能恰恰能够满足人们该时期的高层次需求。因此，人们对体育公共服务的需求成为体育公共服务运行动力系统的核心动力。

但是，我们也看到体育公共服务需求的全面快速增长与体育公共服务供给的不到位已经成为我国突出的社会矛盾。一方面，体育公共服务需求主体迅速扩大，广大农民和城镇中低收入者成为体育公共服务需求的主体分子；体育公共服务需求内容迅速增多，不同阶层、不同年龄、不同区域呈多样化分布。一方面，政府职能转变速度较慢，各级政府对自身的公共服务职能缺乏应有的理解和服务的紧迫意识，体育公共服务供给的体制机制尚待完善，这使得政府的体育公共服务功能相对薄弱。由此，公民的体育公共服务需求不能得到有效满足，体育公共服务体系的进一步完善迫在眉睫。

三、环境动力层：国家各项事业的发展

(一)政策支持

《中华人民共和国宪法》第21条规定："国家发展体育事业，开展群众性体育活动，增强

人民体质。”《中华人民共和国体育法》第10条规定：”国家提倡公民参加社会体育活动，增进身心健康。”可以看出，社会体育活动的开展要充分体现“以人为本”这个核心思想，最大限度地满足人们身心健康发展的需要。21世纪的中国伴随着社会和经济的迅速发展，人们对健康的认识和观念也随之发生着巨大的变化，人们比以往任何时候都更加关注健康、积极地投资健康、追求健康，同时也尽情地享受健康给自身带来的无限欢乐和幸福。社会环境对于体育发展所起的作用是重大的，国家政策对体育的发展具有导向作用。另外，公共体育服务也是促进我国社会主义市场经济发展的重要方式和手段，要坚持不懈地推动我国“城乡发展一体化”目标，加快完善“城乡发展一体化体制与机制”，加大基础设施维护力度、提高公共服务质量等内容，以推进一体化发展。

伴随着一系列文件的出台，成为体育公共服务发展的政策背景，为体育公共服务的发展带来了契机，是体育公共服务有效运行的环境动力之一。

（二）经济发展

改革开放以来，中国的经济建设取得了骄人的成绩，建立起了社会主义市场经济体制，人民生活水平大幅提高，公众对身心健康的关注迅速增长。

第一，经济发展因素是规划、实施公共服务的基本出发点。公共服务的规划与实施涉及资源的配置问题。任何一个社会的政府都只能对社会资源的存量加以合理配置，而绝不可能进行超量配置。同时，公共服务的资源配置又必须在既定的经济制度和体制框架内进行，离开了一定的经济结构、制度和体制去制定和实施某种公共政策，必然要引起经济制度、体制的反弹。因此，资源的分布与既定的存量、既成的经济制度和体制乃是公共服务供给的经济基础。第二，经济环境因素是公共服务过程运行的必要条件。公共服务的规划、实施和评估都要耗费一定人力、物力和财力，并需要一定的经济制度作为支撑。这些就构成了公共服务过程的成本。因此，要使公共服务过程正常运行，就需要一定的资源和经济条件。资源的多少和经济条件的好坏对公共服务的质量和运行状况具有较大的影响。再次，经济环境因素会影响公共服务的目标和方向。不同国家的政府，一个国家不同地区、不同层次的政府，只能依据本国、本地的资源状况、经济情况来制定和推行适当的公共服务，现实的状况，实际的经济制度、结构制约着公共政策的经济目标与方向。因此，经济的发展状况是公共服务运行的动力之一。而体育公共服务亦不例外，体育场地设施建设、体育咨询信息提供、体育健身指导服务等均要根据经济发展状况进行具体的规划与实施。经济的快速发展是体育公共服务运行的环境动力之一。

（三）文化繁荣

文化是一个非常宽泛的概念，不少哲学家、社会学家、人类学家、历史学家和语言学家试图从各自学科的角度来界定文化的概念，但是给它一个严格、精准的概念十分困难。迄今为止仍没有获得一个公认的、令人满意的定义。笼统地说，文化是一种社会现象，是人们长期创造形成的产物。同时又是一种历史现象，是社会历史的积淀物。文化是指一个国家或民族的历史、地理、风土人情、传统习俗、生活方式、文学艺术、行为规范、思维方式、价值观念等。

第一，文化影响公共服务实施系统的稳定性。公共服务实施系统的存在与发展需要与之相适应的文化作为价值取向和心理基础。公共服务实施系统的产生及其运行必须符合人们的文化心理需求和价值取向，才能得到广大人民群众的认可和支持。有了这种文化上的理解和支撑，才可能得到社会公众对公共服务实施组织及其执行人员服务行为的积极拥护与参与，否则公共服务实施系统就难以实现高效运转和政治稳定。第二，文化影响公共服务实施模式的选择。公共服务实施模式指的是服务供给主体根据公共服务规划所采取的实施程序和实施方式、方法、措施等的总和。公共服务供给模式的选择必须符合公众的价值取向、态度、情感、动机、习俗、心理等。由于人们的思想和行为因传统的熏陶、环境的塑造和时间的积累而逐渐形成了一套固定的思想习惯和行为模式，所以要改变这些习惯和模式往往会遇到很大的阻力，如果服务对行为的调整与他们原来习惯的思想和行为差距较大，则不容易很快接受服务，公共服务的实施也难以迅速达到预期的目的。第三，文化影响公共服务实施的效果。人们关心公共服务系统的输入和输出全过程，关心公民权利的合法维护，关心公共服务实施的实际效果，有较强的参与热情和主体意识，能施加积极有效的政治影响力或压力去制约公共服务的规划及其实施，从而迫使公共服务供给主体必须高度重视目标群体的实际需求与实际反应。因此，文化是公共服务运行的影响因素及动因。

改革开放以来，在中国共产党的领导下，我国的文化建设受到了进一步的重视，得到了进一步的加强。各届领导人更是以高度负责的精神来关注中国文化的发展与建设。十七届六中全会通过了《中共中央关于深化文化体制改革、推动社会主义文化大发展大繁荣若干重大问题的决定》，并明确提出深化文化体制改革，推动社会主义文化大发展大繁荣，要加快构建公共文化服务体系建设，从而实现“文化强国”的战略目标。在此背景下，我国体育文化发展战略的核心是国民体质的全面提高和中华体育文化的繁荣复兴，从而体现了当前时代背景下体育发展思想与方式的转型。伴随着整个文化大环境的变化，人们的思想、观念、意识也在发生着变化。人们对美的追求、对时尚的理解、对身心的和谐、对尊重的需要、对自我实现的渴望等构成了其参与体育公共服务的动机，因此，文化的繁荣发展亦是体育公共服务运行的动力之一。

第四节　全民健身公共服务运行的战略支点

战略支点是事关全局的中心或关键点。近年来，党和国家高度重视我国体育公共服务体系建设，要求以科学发展观为指导，积极发展体育事业，加大政府对体育事业的投入，逐步形成覆盖全社会的比较完备的体育公共服务体系。目前，体育公共服务体系建设如火如荼，体育公共服务实践初有成效，清醒认识体育公共服务运行的战略支点，对于完善体育公共服务体系，提高体育公共服务质量意义重大。高效的政府公共服务职能转变、合理的体育公共服务财政投入、完善的体育公共服务理论体系、均衡的公民体育公共服务需求、及时的体育公共服务评估反馈是体育公共服务运行的战略支点。

一、高效的政府公共服务职能转变

2004 年 2 月 21 日，温家宝总理在中央党校举办的省部级主要领导干部"树立和落实科学发展观"专题研究班结业式上发表了《提高认识，统一思想，牢固树立和认真落实科学发展观》的讲话，第一次明确提出要"努力建设服务型政府"。2005 年召开全国人大十届三次会议时，"建设服务型政府"的理念正式写进了政府工作报告。党的十七大报告中再次明确提出要"加快行政管理体制改革，建设服务型政府"。然而，转变政府职能是一个复杂的、长期的系统过程。目前政府社会管理、公共服务的职能仍然比较薄弱，事业单位、社会中介组织、非营利性社团在有效提供公共服务、参与社会公共服务事业管理中，发挥的作用还很有限。因此，加快政府职能转变，从体制、机制上推进政企分开、政资分开、政事分开、政府与市场中介组织分开，从制度上更好地发挥市场在资源配置中的基础性作用，更好地发挥公民和社会组织在社会公共事务管理中的作用，更加有效地提供公共产品。

二、合理的体育公共服务财政投入

体育公共服务供给的资金来源主要包括政府投入、服务收费、社会各界捐赠三种途径。但由于我国体育公共服务起步较晚，各方面尚待完善，尤其是非营利性体育社团及志愿者服务数量有限，体育公共服务融资主要依靠政府投入。这种单一的融资模式存在很多弊端：第一，政府投入的数额难以满足公民日益增长的体育公共服务需求。第二，政府投入体育公共服务各项内容的比例难以协调，造成少数人从事的竞技体育占有大量的资金，而多数人参与的群众体育经费寥寥无几。第三，政府投入的效率、效果难以控制，各级、各地区差异较大。我国公共场地设施及专业人员资源闲置现象十分突出，作用发挥不够，缺乏有效的组织平台。2005 年第五次体育全国体育场地普查结果显示：我国现有体育场地 85 万多个，总体开放率为 41.2%，而占场地总量 65%的教育系统，场地对外开放率仅为 29.2%，调查发现即使开放的体育场地中利用率亦不高。因此，体育公共服务必须拓宽融资渠道，合理分配体育公共服务各项内容的投资份额，增强资金使用的有效性，保证体育公共服务高质量运行。

三、完善的体育公共服务理论体系

理论指导实践，实践检验理论。体育公共服务理论指导体育公共服务实践运行，体育公共服务实践检验体育公共服务理论体系的可行性，为完善体育公共服务理论体系提供依据。首先，完善体育公共服务理论体系是落实科学发展观，满足人民生活水平提高的需要。随着我国发展阶段跨越，人民生活总体达到小康，身体要健康，对体育公共服务产生了更多的需求，并且呈现出多样化、差异化特征，要求也越来越高。如何从我国的基本国情和现阶段发展实际出发，统筹考虑满足基本体育公共服务的需要和兼顾多样化需求，需要对现行组织管理方式进行必要调整和改革。依据全面建设小康社会背景，确立体育公共服务内涵，建立体育公共服务的发展目标，构建体育公共服务运行机制，使之成为完整的理论体系，是科学发展观在体育公共服务领域的具体实践。其次，完善体育公共服务理论体系能够提高体育公共服务实践的有效性。体育公共服务正处在发展的初级阶段，在具体的实践中，会遇到很多问题。如果在理论体系中，将这些问题加以谨慎思考，做以适宜对策，无疑会减少操作过程中的困难，增加体育公共服务的流畅性、有效性。另外，完善体育公共服务理论体系是体育事业向着高级目标发展的必要条件。只有理论体系扎实、创新，实践体系流畅、有效才能实现科学发展、可持续发展，实现为人民服务的目标，达到改善民生的目的。

四、均衡的公民体育公共服务需求

虽然，体育公共服务的目标是满足公民日益增长的体育公共服务需求，公民对体育公共服务的需求是体育公共服务提供的导向。但是，鉴于体育公共服务处于发展中的初级阶段，体育公共服务资金缺乏，体育公共服务供给单位能力参差不齐，各项服务水平还很有限的现状，应该对公民的体育公共服务需求进行正确引导、适当分流，避免出现部分地区、部分阶层公民享有体育公共服务资源过剩，而部分地区、不分阶层公民享有体育公共服务资源不足的情况。均衡的公民体育公共服务需求才能给体育公共服务均等化创造条件，实现体育公共服务协调运行、快速发展。

五、及时的体育公共服务评估反馈

及时的体育公共服务评估反馈是体育公共服务良性运行的重要组成部分，评估反馈是对体育公共服务的质量、效果做出评价，并将评价结果如实反映给体育公共服务供给主体的过程。及时的体育公共服务评估反馈，使体育公共服务供给主体能够迅速了解该阶段体育公共服务供给的有效比例，使体育公共服务理论体系研究者能够掌握该阶段体育公共服务运行过程中的缺陷，而尽快做出相应的调整，实施于下一阶段的体育公共服务实践。及时的体育公共服务评估反馈能够肃清体育公共服务中不良的工作作风，使服务人员严于律己，时刻牢记为人民服务的宗旨，为满足公民的体育公共服务需求而不懈努力。

第七章　全民健身公共服务体系政策激励机制研究

公共政策是“执政党或政府凭借公共权力制订的用以规范、引导有关机关团体和个人行动的准则及行动”，公共政策是政府相对恒定而持久的决策，是鼓励民众良性期望行为的刺激源，是推动社会变革与社会进步的总杠杆，是激励民众的催化剂，具有导向、激励特征。全民健身公共政策作为众多公共政策的一部分，是整合全民健身公共服务体系各方面资源的有效手段，是保障全民健身公共服务供给动力的重要方面。

第一节　全民健身公共服务政策体系

我国改革开放以来，国民经济与社会一直呈现快速发展的态势，人民生活水平不断提高，健身愿望日趋强烈。为满足国民需求，自 1995 年以来，国务院、国家体育总局先后出台了一系列的体育公共政策来促进全民健身服务的有效供给。

1995 年 6 月 16 日，《体育产业发展纲要》的颁布为群众体育的社会化、产业化提供了政策支持，文件要求“围绕全民健身计划的实施，坚持国家办与社会办相结合的原则，积极引导和鼓励社会各界投资兴办经济实体，开展体育健身娱乐方面的经营性活动。群众性体育协会、俱乐部、社会体育指导中心（站），应以社会化、产业化为方向，面向市场、服务群众，以各类体育设施为依托，为群众开展健身、健美、康复、娱乐等体育活动提供场地、设施和技能辅导等多项优质服务。积极引进国外趣味性强的健身娱乐项目与设施，以满足消费者对体育健身娱乐不同层次的需求。”

1995 年 6 月 20 日，国务院颁布了《全民健身计划纲要》，标志着我国的群众体育进入了一个全面发展的新阶段。《纲要》采取整体规划，逐步分期实施的方式，从 1995 年起到 2010 年分为两期工程。第一期工程自 1995 年—2000 年，第二期工程自 2001 年—2010 年，期望经过 15 年的努力，把全民健身工作提高到一个新的水平，基本建成具有中国特色的全民健身体系。《计划》就全民健身工作开展的对象和重点以及措施和对策做了要求。

1995 年 8 月 29 日《体育法》的颁布，确立了《全民健身计划》的法律地位，《体育法》规定“国家提倡公民参加社会体育活动，推行全民健身计划，实施体育锻炼标准，进行体质监测。地方各级人民政府应当为公民参加社会体育活动创造必要的条件，支持、扶助群众性体育活动的开展。国家机关、企业事业组织应当开展多种形式的体育活动，举办群众性体育竞赛。工会等社会团体应当根据各自特点，组织体育活动。鼓励、支持民族、民间传统体育项目的发掘、整理和提高。各级人民政府应当采取措施，为老年人、残疾人参加体育活动提供方便。”

1998年9月，国家体育总局、财政部、中国人民银行发布《体育彩票公益金管理暂行办法》，规定“国家体育总局在安排公益金时，用于落实《全民健身计划纲要》的资金为年度公益金收入总额的60%，省级以下(含省级)的体育行政部门要按本办法规定的使用范围，根据实际情况参照上述比例执行”。

2000年12月颁布的《2001—2010年体育改革与发展纲要》，提出了未来10年发展群众体育的目标，要求建立健全政府领导、依托社会的全民健身机构，县级以上人民政府将“体育事业经费、基本建设资金列入财政预算和基本建设投资计划，并随着国民经济的发展逐步增加对体育事业的投入”的规定落到实处。国家鼓励社会及个人投资兴建体育设施，在土地使用、投资贷款等方面给予优惠政策。

2002年8月，中共中央、国务院发出《关于进一步加强和改进新时期体育工作的意见》，要求大力推进全民健身计划，构建多元化体育服务体系。群众体育工作应努力做到亲民、便民、利民，着重抓好三个环节：“一是建设好群众健身场地，二是健全群众体育活动组织，三是举办经常性群众体育活动，丰富群众文化生活；抓住四个重点：青少年体育以学校为重点，农村体育以乡镇为重点，城市体育以社区为重点，军队体育以连队为重点；坚持政府支持与社会兴办相结合，政府重点支持公益性体育设施建设，群众性体育组织和体育活动以社会兴办为主，鼓励、支持企事业单位和个人兴办面向大众的体育服务经营实体，积极引导群众体育消费，大力培育体育市场，加强规范管理，逐步形成有利于体育产业发展的社会氛围。”

为了促进公共文化体育设施的建设，满足人民群众开展文化体育活动的基本需求，2003年6月，国务院颁布了《公共文化体育设施条例》，《条例》规定国家将有计划地建设公共文化体育设施，对少数民族地区、边远贫困地区和农村地区的公共文化体育设施的建设予以扶持。国务院发展和改革行政主管部门应当会同国务院文化行政主管部门、体育行政主管部门，将全国公共文化体育设施的建设纳入国民经济和社会发展计划。县级以上地方人民政府应当将本行政区域内的公共文化体育设施的建设纳入当地国民经济和社会发展计划。各级人民政府举办的公共文化体育设施的建设、维修、管理资金，应当列入本级人民政府基本建设投资计划和财政预算。鼓励企业、事业单位、社会团体和个人等社会力量举办公共文化体育设施，鼓励通过自愿捐赠等方式建立公共文化体育设施社会基金，并鼓励依法向人民政府、社会公益性机构或者公共文化体育设施管理单位捐赠财产。捐赠人可以按照税法的有关规定享受优惠。鼓励机关、学校等单位内部的文化体育设施向公众开放。国务院文化行政主管部门、体育行政主管部门依据国务院规定的职责负责全国的公共文化体育设施的监督管理。

为贯彻落实《公共文化体育设施条例》，加强对城市社区体育设施建设用地的科学管理，适应群众体育开展和城市社区体育设施建设的需要，合理利用土地。2005 年 11 月国家体育总局等部门发布《城市社区体育设施建设用地指标》，文件对城市社区体育项目、配套设施、设置与控制指标做了具体的规定。

为缩小城乡体育公共服务差距，丰富农民文化生活，2006 年 3 月，国家体育总局印发了《关于实施农民体育健身工程的意见》的通知。通知要求到 2010 年，争取占全国 1/6 的行政村建有标准的公共体育场地设施，惠及约 1.5 亿农民。农村公共体育场地设施建设的基本标准是：1 块混凝土标准篮球场，配备 1 副标准篮球架和 2 张室外乒乓球台。国家体育总局对农村公共体育场地设施建设以中央和地方各级政府共同投入为主，社会集资为辅，体育彩票公益金主要在器材配置上予以支持投入。

2006 年 7 月，国家体育总局制定了《“十一五”群众体育事业发展规划》，针对全民健身纲要实施十年来的群众体育事业中面临的矛盾和问题，提出要善于在“融入”和“纳入”上做文章，发展群众体育可以而且应当纳入相关行业立法、纳入国民经济和社会发展规划、纳入全面建设小康社会指标体系、纳入社会主义精神文明建设、纳入创建文明地方、纳入政府业绩考核；体育事业经费，基本建设经费纳入财政预算和基本建设投资计划、公共体育设施建设纳入城市建设规划和土地利用总体规划等。要切实形成政府领导，各方共同推进，体育部门组织实施的格局。要根据不同情况，采取建设、开放、开办、合办、利用等多种途径，为群众体育提供不同类型的体育设施，重点为普通群众解决参与体育健身活动的公共体育设施问题。加快开放中小学校体育设施步伐，缓解城乡居民体育健身设施不足矛盾。改革群众体育事业经费制度，大幅度增加群众体育事业经费，在政府财政中将群众体育事业经费和群众体育基本建设经费单列。改革体育彩票公益金分配办法，将用于全民健身事业的体育彩票公益金，在财政部门单列条目。努力缩小城乡、区域群众体育差距，大力提高基层体育服务能力，国家体育总局本级体育彩票公益金资助的项目，对城市和发达地区采取以无形资产支持为主的政策，从而将更多资金资助农村和欠发达地区发展群众体育事业。扶持基层体育社会团体发展壮大，加强群众体育骨干队伍建设。

2009 年 9 月《全民健身条例》的颁布，保障了公民在全民健身活动中的合法权益，条例明确了实施全民健身计划制定和执行的责任主体，确定了全民健身日及各级各类部门开展全民健身活动的具体内容，并进一步明确了全民健身的保障措施和法律责任。

2010 年 3 月国务院发布《国务院办公厅关于加快发体育产业的指导意见》，《意见》指出要大力发展体育健身市场。积极培育体育健身市场，培养群众体育健身意识，引导大众体育消费。广泛开展群众喜闻乐见的运动项目，加强群众体育俱乐部建设；积极稳妥开展新兴的户外运动、极限运动等项目的经营活动，因地制宜地开发和培育具有地方特色的体育健身项目，加强对民族民间传统体育项目的市场开发、推广，并提出激励政策和保障措施。

2011 年 2 月国务院颁布《国务院关于印发全民健身计划（2011—2015 年）的通知》，计划要求到 2015 年城乡居民体育健身意识进一步增强，参加体育锻炼的人数显著增加，身体素质明显提高，形成覆盖城乡比较健全的全民健身公共服务体系。

2011 年 4 月国家体育总局《体育事业发展"十二五"规划》提出要努力提高群众体育发展水平，为改善民生服务。"十二五"时期群众体育的发展目标是：全面贯彻《全民健身条例》，实施《全民健身计划(2011—2015 年)》，强化公共体育服务职能，建立完善以全民健身设施建设、组织建设、活动开展、健身指导、科学评估等为主要内容的全民健身公共服务体系，切实保障广大人民群众参加体育活动的权利。加强公共体育设施规划制定与实施管理。加强全民健身设施建设。继续实施"农民体育健身工程""雪炭工程""全民健身路径工程"，支持建设"全民健身活动中心""全民健身户外活动基地"和社区多功能全民健身设施。进一步推动体育场馆向公众开放。健全全民健身组织网络。积极发展城乡基层体育组织，市(地)、县(区)普遍建有体育总会、行业体育协会、单项体育协会和人群体育协会等体育社团，社区体育俱乐部有较大发展。地方体育主管部门要对不同类型的基层体育健身组织给予支持和扶持，切实推进城乡基层体育健身组织的规范化建设。加强社会体育指导员队伍建设，积极开展全民健身志愿服务。广泛开展群众体育健身活动与竞赛。实施"青少年体育活动促进计划"，提高青少年健康素质。加强对老年人、残疾人等人群体育活动开展的组织与领导。加强全民健身调查监测和科技服务。

上述体育公共政策对全民健身工作的开展发挥了重要的推动作用。与上述公共政策相适应的具体实施办法、规定、通知、意见等行政法规也在相应时期陆续出台，构成了全民健身政策体系。政策体现出全面系统性、稳定性及连续性，并逐步向民主化，法制化和科学化迈进。

自 1995 年《全民健身计划纲要》实施以来，我国全民健身事业取得了巨大的发展：体育政策法规体系进一步完善，为我国全民健身事业的发展奠定了基础；群众体育活动日益昌盛，从城市到农村参与体育锻炼的人口不断增加，群众体育活动项目也更加丰富多彩。公共体育场地设施不断增加，健身指导员数量和质量得到大幅度提升。同时，一些矛盾和问题也凸现出来：健身需求日益增长，但体育资源相对短缺；群众体育管理滞后于多变的全民健身实际情况；平等体育权益无法与均等的享有机会相结合。

第二节　全民健身公共政策执行存在的问题

一、政策执行阻滞现象

公共政策执行阻滞，是指公共政策的执行过程因某种消极因素的影响而出现的不顺畅乃至停止不前，进而导致政策目标不能圆满实现甚至完全落空的情形。公共政策执行阻滞会在国家政治生活中造成严重影响，它不仅会损耗政策效益、削弱政策权威，而且会破坏政府形象、妨碍社会发展。我国自 1995 年至今颁布的全民健身公共政策政策法规从文本内容来看确实具有实际意义和促进作用，但在地方执行实践中却由于种种主客观原因难以执行，存在政策阻滞现象。其原因主要表现为：

（一）从政策文本来看，现行的中央政策法规总体上表现出了良好的品质，内容明晰、保障措施明确，现实性较强，但地方政策缺乏针对性和实效性。我国的政权组织体系是由上至下设计的，其特点是国家重大政策由中央统一制定，地方政策主要是具体落实中央的重大政策。即依据中央政策并结合地方实际，因地制宜制定贯彻落实中央重大政策的具有地方特色的具体政策措施，通过调研和查阅部分地方网站、国家体育总局网站可以看出，目前我国地方全民健身政策的制定存在四个方面的问题。一是数量少、缺乏针对性和可操作性，没有根据中央政策制定出符合地方特点的具体操作方案，一些地方甚至只是把中央政策进行复制，没有提供任何细化的操作程序，可行性很差。二是地方政策“红头文件”多，法规少，依然停留在依靠行政手段进行管理，不符合我国体育法制化的发展趋势。而且这些“红头文件”大部分都是由体育部门一家发布的，对其他部门缺乏效力，因而执行起来也很困难。三是地方政策缺乏民主性。四是政策语言模棱两可，留有余地，缺乏明确的标准，诸如“积极”“应当”“鼓励”等，虽增加了执行的空间，但也加大了执行的难度。

（二）从政策执行主体来看，导致政策阻滞现象的原因有三方面：第一个方面是权责分配不对称，政策执行主体是各级政府领导的体育行政部门或教育部门下设的体育部门，而这些体育行政部门往往缺乏足够的权力调动相应资源保障政策实施。第二个方面政策执行效果与各级政府的切身利益联系不够紧密。从利益追求需要看，群众体育投入的社会效益在短期内很难体现，而竞技体育可以直接体现政府部门的“政绩”，导致地方政府为自身利益将有限资金大量投入竞技体育，造成政策执行失衡。第三方面是政策执行主体单一，未能充分调动全社会参与全民健身公共服务的积极性，全民健身公共服务供给效率不高。虽然我国实施了市场经济体制改革，但政府公共服务改革相对滞后，政府在公共服务供给中仍然处于“一家独大”的地位，社会其他主体的积极性调动不足，限于政府人力、财力的有限性，最终导致了全民健身公共服务供给的滞后。

（三）从政策执行资源来看，目前我国全民健身公共场地设施、经费投入、健身指导管理等健身资源尚不能满足群众需求。已有的全民健身计划实施现状调查表明：我国城市存在健身指导缺乏，信息服务不畅，公共体育场馆免费开放率低，健身场所收费太高；现有的社区健身设施场地老化、拥挤、损坏率高，维修不足；日常健身活动组织不利，非营利体育组织体系不健全，缺乏长效机制；定期体质监测还不能保证。我国农村、农牧区体育组织不健全或未设，健身场地少且太远不方便锻炼，严重缺乏健身指导。群众体育活动经费靠临时申请，主要用于“形象工程”，部分村处于没有场地、没有经费、没有活动组织。用于全民健身事业的体育彩票公益金，返还比例小，截留、挪作他用、不及时返还现象普遍。以山东省为例，据调研：部分地方财政用于全民健身事业的支出人均不足0.5元，而且用于全民健身事业的体育彩票公益金常被截留、不及时返还或挪作他用。

（四）从政策执行监督来看，监督考核制度很不完善。政策执行主体体育部门接受双重领导，一方面受上级体育部门的业务指导，另一方面受同级党委和政府的直接领导。其人事权、财政权掌握在地方政府中，必然造成只对地方政府负责的局面。而处于业务指导的体育上级部门，只是能够指导下级体育部门的行为，对各级政府、行政机关、企事业单位的行为缺乏行政约束力，监督职能因其有权无力而无法完全履行。

（五）从政策目标群体来看，贫困农民、进入城市的农民工、城市中贫困阶层等弱势群体，由于经济、社会、观念等原因成为群众体育政策执行的瓶颈，贫困人群整日为生计奔波，无暇也没有精力去考虑健身。

二、吸纳社会力量参与全民健身政策缺乏实效

我国不同时期的全民健身公共政策从不同角度地提出鼓励社会力量兴办体育事业，提倡完善财政、税收、金融和土地等优惠政策，鼓励和引导社会力量捐资、出资兴办或参与全民健身事业发展。但具体怎么鼓励、怎么优惠、哪些方面可以减免、捐助对象如何认定等，并无明确规定，只是停留在口头提倡和鼓励阶段，对于吸引社会力量参与全民健身公共服务供给缺乏实质性的政策，主要问题表现在以下几个方面：

（一）税收政策

1. 营利性健身场所

随着经济的快速发展，我国体育健身业自20世纪90年代末以来发展迅速，为百姓提供了多元化的健身服务，该类健身场所虽属于经营性场所，但其产生的提高国民体质、丰富业余文化生活等社会效益却不容忽视。尤其在近几年，健身行业出现了由贵族化向平民化转向的趋势，经营项目多样化，中低档健身场所比例上升，且由于竞争激烈消费价格大幅下跌，已成为工薪阶层也有能力消费的健身服务，深受大众欢迎，弥补着全民健身公共服务供给的不足。政府应转变观念，将大众经营性体育场所服务业作为朝阳产业、绿色产业给予政策扶持，为健身产业制定优惠鼓励政策，促进其经营和发展。这种政策优惠意即通过政府购买，由中低档经营性体育场所代替政府向社会提供多元化健身服务。

我国健身产业主要征收以下几方面税种：

（1）营业税

共分三种：一种是指举办体育比赛、为体育比赛或体育活动提供场所等传统体育项目活动业务，被归入“文化体育业”税目征收3%的税；一种是高尔夫球、保龄球、射箭、射击、飞镖等娱乐性强、消耗资源多的体育运动项目，按“娱乐业”税目依20%的税率征税；第三种如划

船、溜冰、钓鱼、漂流以及一些新兴体育健身项目等，国家税务总局未明确规定税率，许多地方将其列入“服务业”中的“其他服务业”税目，依5%的税率收税。

(2)企业所得税

企业所得税税率为25%，对规模较小、利润较少的企业实行20%的低税优惠政策。

(3)城市房地产税

依照体育健身场所房产余值计算缴纳，税率为1.2%。

(4)城镇土地使用税

大城市每平方米年税额1.5元至30元、中等城市1.2元至24元、小城市0.9元至18元，县城、建制镇、工矿区0.6元至12元。

(5)车船使用税

依据不同的车船类型，定额征收。

(6)教育附加税

按营业税、增值税、消费税之和的3%征收。

(7)城市维护建设税

按营业税或增值税的1%～7%征收。

(8)印花税

包括13个税目，根据不同的税目税率从0.5%至1%不等。

首先从营业税征收来看，将高尔夫球、保龄球、台球等体育运动项目经营等同于夜总会、歌舞厅等娱乐场所征收20%的营业税，并不合理，它们经营目的虽然是盈利，但产生的社会效益却有很大区别。而且，一些经营项目已经很普及，收费也逐渐为大众接受，不应再划为高消费行列，过高的营业税使这些项目的经营者不堪重负。再者，健身场所服务项目的管理与指导需要不断地学习和创新，以满足顾客不断增长的各种要求，以期与国际先进水平接轨，这些都需要大量的资金保证。由于健身行业投资较大，并且有益于公民健康，而税负相对重，运营相对困难，需在一定程度上降低税负。

2.非营利健身组织

改革开放以来，我国制定了大量的针对非营利组织实施税收优惠的部门规章和规范性文件，形成了一定数量的非营利组织税收优惠法律制度。如1999年颁布实施的《中华人民共和国公益事业捐赠法》规定，公司和其他企业及个人捐赠财产用于公益事业，依照法律、行政法规的规定享受所得税方面的优惠。再如1999年4月国家税务局颁布的《事业单位、社会团体、民办非企业单位企业所得税征收管理办法》规定事业单位、社会团体、民办非企业单位的一些收入可以免征企业所得税。但是，现行的非营利组织税收优惠制度在促进非营利组织发展方面的功能并没有有效发挥。原因主要为：

第一，由于我国的《企业所得税法实施条例》《中华人民共和国公益事业捐赠法》《社会团体登记管理条例》《民办非企业单位登记管理暂行条例》和《基金会管理条例》等关于非营利组织的规定均没有明确规定非营利组织本身具有合法的免税或减税地位。

第二,依据财政部、国家税务总局、民政部《关于公布2008年度2009年度第一批获得公益性捐赠税前扣除资格的公益性社会团体名单的通知》精神,只有中国红十字基金会、华民慈善基金会、中国残疾人福利基金会等69个社会团体在接受公益捐赠时才允许税前全额扣除。这些社会团体大多是基金会且冠以"中国"或"中华"头衔,其资金之雄厚、其背景之深远非一般非营利组织所能相比,不利于中小非营利组织的发展。

第三,我国《事业单位、社会团体、民办非企业单位企业所得税征收管理办法》第三条规定,非营利组织对获得的财政拨款、经财政部核准不上缴财政专户管理的预算外资金、用于事业发展的专项补助收入、各级政府的资助等收入享受免税政策。也就是说,非营利组织只有接受财政部门拨付事业经费,将收入纳入财政预算管理或预算外资金专户管理的事业单位、社会团体和民办非企业单位才可以免税。这种按照是否属于财政拨款决定是否享有税收优惠的做法存在不合理的问题,不同背景的非营利组织在发挥社会功能上只有大小之分而没有本质上的区别。这样的规定强化了非营利组织与政府机关的联系,不利于非营利组织实现自治,与非营利组织发展的宗旨背道而驰。

3. 非税收收入政策

非税收入是指除税收以外,由政府机关及其代行政府职能的组织团体等依法提供特定公共服务(或准公共服务)取得的财政性收入,是政府财政收入的重要组成,政府非税收入项目主要包括:行政事业性收费、政府性基金收入、国有资源(资产)有偿使用收入、按照规定上缴财政的国有资本经营收入、行政及刑事处罚的罚没收入、彩票公益金、以政府名义接受的捐赠收入及应当纳入政府非税收入管理的其他资金。

通过对体育健身场所调研得知,地方政府对于社会民间资本投资兴建的各类设施需征收的政府非税收收费包括:土地转让金、城市基础设施配套费、综合开发费、人防工程配套费、墙体改造费、测绘费等等名目繁多的费用。并且,不分项目,只要从事经营,水、电、燃气费用都依照商用收费。对民间资本投资经营性体育场所没有任何鼓励优惠政策。但反观西方发达国家对于公共体育服务供给的优惠政策却很多,以洛杉矶Staples为例,是为湖人队(NBA篮球队)和国王队(冰球队)而建,一年可打122场比赛,一年有超过200天的使用率(包括演唱会、表演),所有者为私人投资者。其投资模式是:政府提供土地,吸引私人开发商,租期为99年,象征性收取1美元租金。

4. 财政金融政策

据统计,1993—2004年,地方政府的财政收入从78%下降到42.7%,而地方政府的财政支出比重却一直在70%左右,如此一来,地方政府只能用43%左右的财政收入支撑70%的财政支出责任。地方政府为了提供地方性公共产品只能通过非规范途径,造成的乱收费、乱罚款等现象有增无减。据调查,一些县、乡财政开支的40%,甚至60%只能靠预算外收费和罚款维持,面对县乡财政普遍是吃饭财政的事实,如果再让基层政府提供全民健身公共服务产品,其结果只能是画饼充饥,不符合实际。因此,应通过中央政府对地方政府的财政优惠政策来补充全民健身公共服务的基本供给。

融资难是我国健身行业存在的普遍问题。体育健身行业多数属于中小企业,其投融资渠道相对较窄,而获取银行贷款的难度较大,一般不为其提供财产抵押贷款,且很难获得大企业的贷款担保,为此,体育健身行业资金链薄弱,易陷入资金短缺、现金流难以保障的困境网。如2011年1月,青鸟健身就因资金运转困难而被迫停业,不仅青鸟健身一家面临这些困难,整个行业都存在或多或少的融资难题。运营成本高,融资难已成为健身行业的瓶颈,但国家对这类行业却无相应融资优惠政策。

5.社会体育指导志愿者政策

针对社会体育指导员,国家颁布了系列政策进行规范。原国家体委于1993年12月制定下发了《社会体育指导员技术等级制度》(简称《制度》),对申请、获得社会体育指导员各技术等级称号的具体要求做了详细规定。国家体育总局2001年8月颁布的《社会体育指导员国家职业标准》(简称《标准》),对(职业)社会指导员和《社会体育指导员技术等级制度》下的公益社会指导员进行了界定,同时对职业社会指导员的活动范围、工作内容、技能要求、知识水平做了明确的规定。为明确《社会体育指导员国家职业标准》和《社会体育指导员技术等级制度》二者之间的关系,使实施工作顺利进行,2005年国家体育总局下发了《关于进一步加强社会体育指导员工作的意见》的通知,重点区分了以志愿指导为主的公益性社会体育指导员和以盈利为主的职业性社会体育指导员。明确《制度》主要是对公益性社会体育指导员工作进行规范,《标准》主要是对职业性社会体育指导员工作进行规范。同时,根据《体育彩票公益金管理暂行办法》规定,体育彩票公益金中可安排一定比例的资金,专款专用于社会体育指导员的培训、管理等,资金充足的地区可为社会体育指导员提供相应的补助、补贴。2011年4月,国家体育总局公布了《社会体育指导员发展规划(2011—2015年)》,提出了培养社会体育指导员的目标任务、保障措施及组织实施,具体措施主要为改进培训效果、建立优秀社会体育指导员表彰制度、在重点保证培训经费的同时,资助欠发达地区社会体育指导员开展工作、保障体育彩票公益金的投入比例、设立社会指导员岗位等。2011年10月,国家体育总局又颁布了《社会体育指导员管理办法》,对社会指导员的组织管理、培训教育、申请审批、注册办理、工作保障、服务规范、奖惩处罚都做了明确的规定。2012年4月,又颁发了《关于开展2012年国家级社会体育指导员培训工作的通知》,对2012年国家级社会体育指导员培训工作做了具体的安排。

通过上述政策文件的梳理和分析,可以看出社会体育指导员的相关政策主要是对培训和管理工作进行了较为明确的规定、要求和规划,对于激励社会体育指导员长期开展工作的具体措施除了优秀社会体育指导员评选工作一直在执行外，其他的基本经费补助措施还仅停留在鼓励建议层面；对于能够保护志愿者合法利益的相关法律还处于空白。且不说现行的优秀社会体育指导员评选制度只能惠及少数人，就是这些评选在有些地方缺乏透明和公平。如在山东省调研期间，部分社会体育指导员反映："干具体指导工作的是老百姓，但上报的优秀社会指导员却是相关部门的行政人员，而且也没有评选环节。这种评选毫无意义，不如不评，不但起不到好的作用，反而打击志愿者的积极性。"截至 2012 年，我国在册的社会体育指导员总人数为 65 万人，这一数字在 3 年之内将达到 100 万。但这些社会体育指导员在一线做辅导的并不多，主要依靠有健身特长的退休志愿者，全民健身指导员老龄化问题严重。在区县一级的社体指导员队伍中，体育部门、教育部门的领导和工作人员经过短期培训大都拿到了等级证书，但由于没有体育基础，且公务繁忙，难有时间和能力走进社区、广场、公园，成为全民健身的服务者。这与欧洲国家差距很大，有关统计显示，2007 年美国约有 6080 万 16 岁以上的人在社区参与有组织的志愿者活动，总计义务工作约 81 亿小时，创造价值超过 1580 亿美元。在芬兰 8000 个活跃的体育协会中，每 4 个芬兰人中就有一个是协会的会员。总体上有 2/3 芬兰人参加体育协会的活动。体育协会依靠志愿者工作，志愿者充当着教练、竞赛组织者、助理以及支持人员和管理人员的角色。这些俱乐部里有 800000 多名志愿者，他们每年贡献了相当于 5 亿芬兰马克的产值。

传统观念认为志愿者提供的是无偿服务，不需要物质激励。但是随着志愿服务的专业性需求越来越多，志愿者投入的服务成本越来越高，如果只强调精神激励的话，往往使志愿者的服务难以为继。但是政府给予的政策和经济支持力度不够，许多社会体育指导志愿者有心却无力长期开展志愿服务工作，尤其对那些年轻的社会体育指导志愿者来说，维持基本的生存条件是投入志愿服务的物质保障。如果社会对这些富有爱心的群体不采取帮扶和救助措施，政府不给予政策保护和财政补贴，会打击人们加入志愿者行列的勇气和信心，使志愿行为陷入尴尬境地。

6. 体育非营利组织准入制度

前文全民健身公共服务相关政策的分析来看，几乎所有的政策文本都明确了体育社会组织在全民健身公共服务中的地位和作用，倡导社会力量参与群众体育事业的建设。但在体育非营利组织准入制度上却有悖于上述精神，《社团管理登记条例》中第十三条明确规定同一个地区、同样类型的社团只能注册一个，《民办非企业单位登记管理暂行条例》中第十一条规定在同一行政区域内已有业务范围相同或者相似的民办非企业单位，没有必要成立新的组织。这易导致体育非营利组织垄断。一方面，如果政府需要购买社会组织供给的体育公共服务，但由于本区域内没有其他社团竞争，可能会造成该社团唯一性而对政府购买漫天开价，且并不能保证其完全胜任，最终导致政府放弃购买社会组织的相关服务项目。另一方面，这个唯一的社会组织往往是政府与群众的中间人，可能因为其唯一性成为"二政府"，无法反映群众意志。虽然近一时期的改革正逐步打破这一局面,但改革的力度仍需加大。

第三节　全民健身公共政策优化策略

一、提高政府全民健身公共政策执行力

(一)增强地方全民健身政策文本的可行性

首先,地方全民健身公共政策的制定应注重群众的参与,只有人民群众的广泛参与才能充分表达其意愿,地方政府才能制定出符合以人为本的政策。在地方全民健身政策制定的过程中,应深入群众进行调研,广泛听取基层群众和健身团体的建议和意见,减少和杜绝形象工程、政绩工程,制定出符合地方特点的、实用性强的体育公共政策,切实实现中央政策的目标和精神。其次,改变当前多数由体育行政部门一家发布全民健身文件的现状,提高地方性体育公共服务政策法规的权威性、执行力和层次性。第三,地方公共政策文本应注重可操作性,根据国家政策目标和精神制定切实可行的具体实施办法。如拟订建设方案,在组织人员,练习时间、场地器材、经费筹集、指导人员等方面作具体的规定。

(二)建立政府部门利益整合机制

马克思说过,“人们奋斗所争取的一切,都同他们的利益有关。”在政策执行中,政府工作人员不可避免地会考虑自身的利益需求。强调政府执行主体必须为公众服务的同时,也不能否认他们与普通公民一样也有自己的利益追求。然而只要有良好的法律和制度保障,个人追求利益最大化的行为便会无意识、自动地增进社会利益,关键是要把政府执行主体的自利性追求限制在一个合理的范围内,使其在理性自利和他利之间达成至一个平衡点。因此,全民健身政策的执行如果能将政府各部门利益进行整合,将大大提高全民健身政策执行的效力。具体的做法一是建立利益共享机制,让中央和地方、上级和下级、政府机关和政府执行人员共享因为正确执行政策所带来的利益。将全民健身政策的执行效果作为评价政府绩效的重要指标,而非体育行政部门一家之事,对于执行较好的地方政府和个人进行精神奖励和物质奖励。二是建立利益补偿机制,促进不同层次政府之间、政府与社会团体之间、政府与个人之间的利益再分配,实现利益的平衡与共享,提高弱利益部门或个人执行政策的积极性网。在执行全民健身工程建设政策的过程中,为减轻地方政府的财政负担,可采取财政补偿和经济援助,促进政策执行。三是提高全民健身政策执行人员的执行能力,要求在拥有一定全民健身政策相关基础知识、专业知识以及执行经验的基础,具有推进政策顺利执行所需要的理解能力、预测能力、计划能力、执行能力、应变能力、管理能力、协调能力、社交能力和创新能力。

(三)促进体育公共政策执行主体的多元化

政策执行主体是影响政策执行的关键,必须采取措施科学合理放权,适当扩大其范围。

公共政策执行主体不能仅仅包括政府部门，也应包括市场主体和非营利组织。这是现代公共管理的要求，也是未来公共管理发展的趋势。全民健身公共服务由政府提供基本公共产品，准公共产品可以面向社会，引入市场竞争机制，采用出租、承包等形式由非政府组织、社会主体承担。扩大执行主体范围，改变政府机构及其他职能部门垄断执行的局面，降低政策执行成本，提高执行效率。更为重要的是，将非政府组织引入公共政策执行体系中，可以提高公众参与的积极性，也必然会拉近政府与公众的距离，加强二者的沟通和交流，从而为减少政策推行阻力增加有利条件。

（四）保障全民健身公共服务财政资源投入

财政资源是公共政策执行的保障，目前用于全民健身事业的经费来源主要是体育彩票和地方财政支出。究其全民健身公共服务投入不足的原因，一是部分县市政府的经济基础薄弱，一些县级财政至今还没有摆脱吃饭财政的窘境。二是一些县级政府对财务资源的使用缺乏科学合理的利用，把大量的资金花在不恰当和不该用的地方，而对急需政府资金投入的公共服务缺乏有力的资金支持。三是政府资金使用效率不高，浪费严重。因此，要保障全民健身政策的资源，必须严格执行《全民健身条例》，将全民健身事业经费纳入本级政府财政预算，单独设立全民健身事业经费预算科目，对经费利用结果进行监督评估，并纳入政府工作评估指标中。对于专项用于全民健身事业的体育彩票公益金应经常监督，保证取之于民用之于民。

（五）建立健全全民健身政策执行监督机制

提高全民健身公共服务政策执行的透明度，将执行情况列入政府信息公开范畴及时向公众公布。制定全民健身公共服务政策执行标准、监督标准、工作标准等，用明确的标准监督全民健身公共服务政策的实施。同时，不仅要赋予非政府组织参与政府公共政策制定、执行的权力，还要加强各类组织、中介机构等对政府政策执行情况的监督职责。通过非政府组织收集公民的意见、要求，对政策执行情况及时地跟踪评估，并将反馈意见、评估结果反馈到政府绩效评估之中，及时采取相应的奖惩举措，提高政府政策的回应力量。

二、全民健身公共服务鼓励优惠政策建议

（一）税收优惠政策建议

第一，营利性体育健身场所税收优惠政策建议：

1. 经营性体育场所营业税征收，应该统一按照3%征收。但应根据收费情况制定标准，属于高消费的场所，应额外增加特种附加税，达到调节高收入的作用。对于中小型健身场所可少征或免征营业税。

2. 由于健身行业投资大，回馈周期长，开业前3至5年可免或少征企业所得税，提高企业的生存和发展能力。

3. 为鼓励企业出资进行健身场地设施的建设维修，可免征固定资产投资调节税。

4. 利用废弃土地(经政府批准整治和改造的)建设健身场地并用于健身服务经营的，从使用的月份起免缴土地使用税5年至10年。

5. 可采取提高固定资产折旧率、延长税收宽限期来缓解流动资金压力，保障企业的现金流。

6. 为鼓励企业加强培养健身管理指导人才，对企业投入的培训费用可采取按比例退税优惠措施。

7. 对一部分中小健身企业及个体经营实行单一税制，将各种税收合并为一，这样纳税手续简单方便，可减轻税收负担。

8. 对体育健身企业广告支出允许税前抵扣。

第二，非营利健身组织税收优惠建议：

9. 明确规定非营利组织本身具有合法税收优惠地位。非营利组织的税收优惠资格多由财政部门、税务部门以及民政部门等多个机关做出认定，而且针对不同的税收优惠政策要进行多次审批。这种政出多门、一事一议的批示方式不利于非营利组织税收优惠制度的落实，建议由各级税务部门单独确定非营利组织的税收优惠资格，且一旦确定其税收优惠资格后就可享受所有相关优惠政策，无须再一事一批。

10. 实现所有认定的非营利组织统一享受税收优惠政策，激发民办小规模非营利组织的发展。

11. 对于符合规定、运行规范的非营利组织给予免征所得税、营业税、增值税政策优惠。

12. 非营利组织的支出可分为公益性支出和非公益性支出，公益性支出是指用于开展活动以实现其社会公益使命而耗费的资金，非公益支出则是其他支出。为鼓励非营利组织最大限度实现公益使命，将更多的资金用于公益服务，对非公益性支出可征收支出税。

13. 对以社会捐赠主体税收优惠制度，可考虑将以往认定的69个可以享受税收优惠的非营利组织扩大范围。

14. 只要接受捐赠的非营利健身组织符合税收优惠条件并运行规范，任何单位和个人向非营利组织捐赠都可享受所得税优惠，即从缴纳的所得税中扣除捐赠款额的所得税部分。

(二)政府非税收优惠政策建议

用于全民健身场地设施项目投资经营的，在规定期限内免征土地转用金。为市场提供低偿或无偿土地，调动民间投资全民健身公共服务项目。对于全民健身行业减免各种行政事业性收费。用于全民健身经营项目的场所，水电燃气费用应考虑采用民用标准缴费。

(三)财政金融政策建议

建立中央对地方政府的全民健身公共服务专项财政转移支付：财政补贴可采用全民健身公共服务专项补助和配套补助的形式实现。专项补助金可按该地区的人数和人均收入来确定，专项补助应规定专款专用。政府购买全民健身公共服务，政府可向营利性或非营利健身场所购买日常健身服务和部分大型体育健身活动服务。允许医保卡用于健身消费，推广将医保卡余额用于体育健身消费，不仅可以促进群众参与体育健身的积极性，又可增加健身行业的利润，同时可减轻国家医疗福利负担。财政融资及信用担保方面，地方财政出资建立信用担保机构，对健身行业的商业贷款提供担保；由国家财政提供资金向健身行业发放长期低息或无息贷款，吸引民间资本出资提供全民健身公共服务；视民间资本投资体育产业与国有投资同等待遇；各级政府设立全民健身产业引导资金，专项用于支持全民健身产业的发展；拓宽融资渠道，支持全民健身企业上市、发行债券、银行贷款等方式融资。

（四）社会体育指导志愿者鼓励政策建议

为社会体育指导志愿者提供物质保障和精神激励，激发社会体育指导员的积极性。

1.提供必要的物质保障和激励措施

第一，明确志愿者组织的法律地位，建立社会体育指导志愿者服务法。界定志愿者权利和义务；规定体育非营利组织在志愿服务工作中的招募、培训等相关管理程序；对志愿者的激励措施等。

第二，为志愿服务设立专项储备基金，专项基金由国家或政府财政开支，保障社会体育指导员开展志愿指导的基本费用（路费、食宿、保险等）。

第三，将社会指导员志愿服务归入社会保障体系，由国家提供必要的财政补助，提高社会体育指导员的积极性。

第四，为社会体育指导志愿者提供培训学习的机会，在选派培训人员时要核实其参与全民健身指导的实际情况，避免政府行政人员参与培训而无暇实际指导、志愿者长时间指导却无培训机会的不良现象。在培训内容上能够体现实效性和针对性，多安排实践课，少理论讲座，吸引不同年龄段的志愿者积极参与。

2.大力实施社会体育指导志愿者精神激励。

第一，建立社会体育指导志愿者服务奖章制度，按照服务时数颁发不同层次的奖章。

第二，及时对志愿者的服务做出反馈，如给其工作单位致公开表扬信、相关网站公布、私下真诚的感谢等增加志愿者的满足感、成就感、责任感。

（五）体育非营利组织准入制度政策建议

放宽体育非营利组织准入制度，取消“一区一社”的限制，营造公平竞争氛围。

为满足国民需求，自1995年以来，国务院、国家体育总局先后出台了一系列的公共政策来促进全民健身公共服务的有效供给。这些政策的颁布与实施使我国群众体育事业实现了持续快速健康的发展，具有中国特色的全民健身政策体系正在形成。但政府提供的公共体育服务不足，体育场地设施建设、组织体系建立、科学健身指导等诸多方面与广大人民群众的需求存在较大差距，已经成为我国在建设体育强国过程中的基础性薄弱环节，这与政策滞后、政策执行阻滞密切相关。

通过调查与分析，认为我国全民健身公共政策执行过程中存在两个问题，一是政策执行阻滞现象严重。主要表现为：从政策文本来看，现行的中央政策法规总体上表现出了良好的品质，内容明晰、保障措施明确，现实性较强，但地方政策缺乏针对性和实效性；从政策执行主体来看，导致政策阻滞现象的原因有三方面：第一个方面是权责分配的不对称，政策执行主体是各级政府领导的体育行政部门或教育部门下设的体育部门，而这些体育行政部门往往缺乏足够的权力调动相应的资源保障政策的实施；从政策执行资源来看，我国全民健身公共场地设施、经费投入、健身指导管理等健身资源不能满足群众需求；从政策执行监督来看，监督制度很不完善。政策执行主体体育部门是双重领导，一方面受上级体育部门的业务指导，另一方面受同级党委和政府的直接领导；从政策目标群体来看，贫困农民、进入城市的农民工、城市中贫困阶层由于经济、社会、观念等原因成为群众体育政策执行的瓶颈，贫困人群整日为生计奔波，无暇也没有精力去考虑健身。二是吸纳社会力量兴办全民健身事业的鼓励政策缺乏实效，主要表现在：税收、非税收优惠政策缺乏；中央对地方政府的财政优惠政策少，健身行业融资难；社会体育指导员的相关政策缺乏实质性激励，没有合法利益的法律保障；体育非营利组织准入制度不合理，缺乏独立性和竞争性。

针对上述问题，认为一是通过增强地方全民健身政策文本的可行性，建立政府各部门利益整合机制，促进体育公共政策执行主体的多元化，保障全民健身公共服务财政资源投入，建立健全全民健身政策执行监督机制来提高全民健身公共政策的执行力。二是通过一系列优惠政策建议激发社会力量积极参与全民健身公共服务的供给。

第八章　全民健身公共服务体系管理创新机制研究

优化全民健身公共服务管理模式，是解决人民群众日益增长的多元化健身需求与全民健身公共服务供给不足矛盾的关键所在。在社会主义市场经济背景下，探索实施分权式全民健身公共服务运作模式，切实转变政府职能，激发和调动社会各界参与全民健身服务供给的积极性，提高全民健身公共服务供给的效率，是当前全民健身公共服务管理体制创新与改革的必然趋势。

第一节　我国全民健身公共服务管理模式

管理模式是“运行与管理的方式”。我国全民健身公共服务管理模式是指全民健身公共服务供给的运行与管理方式，管理模式是决定全民健身公共服务供给效率和供给质量的重要因素。

我国全民健身公共服务属于政府主导、社会参与的管理模式，当前全民健身公共服务运行和管理的主体包括政府机构、社会团体等。其中，政府机构既包括以国家体育总局、各级各类体育部门为代表的专门管理机构，又包括以地方政府为代表的非专门管理机构，县级以上地方政府是全民健身公共服务供给的主体。参与全民健身公共服务的社会团体主要为：体育类组织“各级单项运动协会、各类人群体育协会、行业体育协会和社会体育指导中心”等。

体育类组织包括“共青团组织、工会组织、青少年组织、妇联组织”等。除此之外，全民健身公共服务运作还包括提供全民健身公共服务的企业、基层群众组织等。

现阶段，我国全民健身公共服务正向政府与社会结合型管理模式转变，虽有一些创新，但总体来看，依然强调政府选择、政府供给，依然表现为自上而下的线性架构，仍然是依靠行政指令配置资源、条块分割、以政治激励为主的全能管制型体制，并未随着市场经济制度转型而发生根本改变。提供全民健身公共服务的各类体育协会名存实亡，政府机构所设的“主管全民健身的各业务司、处控制着这些协会，并用它们的名义行使着全民健身公共服务管理职能”。群众体育行政部门集决策者、协调者和操作者三种角色于一身，垄断全民健身公共服务的供给，即使本身有困难，却又不合理地限制社会力量参与体育事业。

第二节 “一臂间隔”管理模式的理论渊源与优势

“一臂间隔”原指队列之中人与人之间一臂相隔的距离，后来被应用经济组织、企业管理等更为广阔的领域，是指通过组织之间的法定分离或间隔，从而保证组织之间平等的法律地位，一方不能取代或支配另一方，形成相互制衡和相互监督的格局，是一种运行的模式和管理的原则。

一、“一臂间隔”管理模式的源起

新公共管理理论的发源地英国将“一臂间隔”首创为一种文化管理的模式，政府不再直接管理和运行文化艺术机构或企业，而是在政府和艺术机构（企业）之间设立中介机构，由中介机构负责向政府提供文化政策建议和咨询，同时接受政府的委托负责被资助文化项目的财政拨款权，并对拨款使用的效果进行监督和评估。在“一臂间隔”管理模式的保障下，英国文化产业的平均发展速度是经济增长的2倍，所创造的年均产值接近600亿美元，占国内生产总值的11%，就业人数达195万人，位居全国第一，成为英国第二大产业，超过传统制造业中任何行业所创造的产值。如此高速的发展和可观的产值，与英国文化产业管理模式密不可分，英国文化产业管理模式分为中央政府的纵向管理与地方政府和非政府部门的横向管理。国家文化、传媒和体育部是文化产业管理的核心部门，非政府公共文化机构和地方行政部门也承担重要的管理、运行等职能。政府在文化产业运作上秉承“一臂间隔”的管理模式，适当分权、专宽兼备，通过制定政策和法律对文化产业进行规划、引导和监督，在有效保证文化公共服务的基础上，既实现了政府文化行政主管部门的精简和高效，也有利于文化艺术事业的发展与繁荣。

二、“一臂间隔”管理模式的内涵

本研究以英国文化产业运作为代表，分析“一臂间隔”管理体制的内涵。英国“一臂间隔”文化产业管理模式形成了分权管理、分工运作的格局，文化产业管理者、监督者和生产者相互独立，三者分工合作，既保证政府文化政策的贯彻和公共服务的供给，又调动了各方面的积极性，保证了文化经费分配的合理性和高效性。

随着时代的发展，英国文化管理模式仍在不断做出调整，如今逐渐形成了政府（包括中央政府和地方政府及其所属文化行政管理部门）、非政府公共部门（与各级政府相对应的、作为准自制非政府部门的公共组织）、各种行业性的文化联合组织（包括电影协会、旅游委员会、广播标准委员会等38个机构）的三层文化管理运作结构。“一臂间隔”管理模式正是在这三层结构中得以实现：在中央政府与地方政府及其所属文化行政管理部门之间形成纵向垂直分权,而在政府与非政府公共部门、各种行业性文化联合组织之间形成横向水平分权。在实际操作中,英国"一臂间隔"管理模式主要是水平分权,其原则是在政府与各级艺术和文化机构之间建立起必要的协定,并在二者之间设立边界,通过政府与非政府组织之间的不断互动来管理文化资金和文化项目的运作。文化、传媒和体育部是英国中央政府文化行政主管部门,在文化产业运作模式中,扮演管理者角色,但是其职能主要是政策制定、财政拨款,具体事务非政府公共文化机构负责,如英格"NDPB"(非政府部门的公共部门)就是与政府保持一臂间隔的典型机构,它包括直接管理艺术、体育、电影、遗产乃至博物馆的大量非营利组织,负责政府文化资金的开支、负责文化项目的分配,选定资金和项目的收益人群。政府虽然并未对文化机构进行直接管理,但是通过其政策尤其是财政资助的选择,协调各级各类文化机构,从而实现政府对文化管理、文化公共服务的导向和意图。

三、"一臂间隔"管理模式的优势

实行"一臂间隔"管理模式的优势在于:第一,政府管理更加科学。政府部门集中精力制定管理政策和提供财政支持,而且使政府的行为置于中介机构以及相关人群的监督之下,保证了政府机构管理的科学性,防止政府寻租、部门腐败和政治立场多变等方面的不利影响。第二,中介监督更为有效。一臂间隔管理模式之中的中介机构独立于政府之外,以其专业化的服务和中介业务为主要使命,并且集中了相关领域的专家保证监督管理以及中介服务的专业化水准,从而有效倾听民意,监督政府、服务的供给者等相关主体。中介组织的成立以及监督职能的实现是"一臂间隔"管理模式的关键所在。第三,服务供给更加高效。在政府政策的指引下和中介组织的监督下,服务或产品供给者专心致力于其本职工作,从而提高了供给的效率。正是"一臂间隔"运作模式的成功施行,促进了英国文化事业的大力发展,维持了英国文化大国的地位。"他山之石可以攻玉",借助我国体育管理体制改革的良机,借鉴英国文化产业的管理模式,我国全民健身公共服务可采用"一臂间隔"管理模式,激励和吸引非政府组织积极参与全民健身公共服务的供给。

第三节 我国实施全民健身公共服务"一臂间隔"管理模式的必要性

一、贯彻我国群众体育政策的需要

我国政府历来重视群众体育工作,针对全民健身等颁布实施了《全民健身条例》《全民健身计划(2011—2015年)》等一系列法规文件,明确提出构建和完善全民健身公共服务体系,有效保障全民健身公共服务的供给。并且，伴随服务型政府建设等政府机构改革措施的实行，也对全民健身公共服务管理模式的改革指明了方向，要求在适应市场经济条件下，调动社会力量的积极性，形成全社会支持群众体育发展的有利格局。而“一臂间隔”管理模式符合我国全民健身公共服务供给改革的需求，实施“一臂间隔”管理模式既有利于贯彻落实我国群众体育政策，又有利于保障我国全民健身公共服务的供给。

二、实现政府职能转变的需要

虽然经过了多轮体制改革，但是目前政府办群众体育的格局仍未打破，如全国各个地方的大型赛事及群众体育活动的承办仍被政府相关部门垄断，一些发达地区全民健身公共服务的供给虽然也开始采用政府外包、政府购买等市场化手段，但由于招投标生杀大权仍由政府部门掌控，导致管办分离名存实亡。要真正实现政府管理的效率，避免“体制内循环”，必须要在现行体制的基础上增加第三方监督机制。而“一臂间隔”管理模式的机构设置、权限划分、运行机制上，恰恰可以防止这一垄断行为。采用该模式能给社会力量参与全民健身公共服务提供平台，促进全民健身事业的发展和繁荣，非政府组织也可以通过公平竞争政府的公共项目获得资金支持，保障组织持续有效运行，营造政府与非政府组织相互配合实现共赢的局面。

三、拓宽筹融资通道的需要

现阶段我国群众体育的管理模式与政府机构高度相似，群众体育管理人员是国家公职人员，使得群众体育管理机构很难得到社会资助，而如果设立真正意义上的民间社会组织，包括它的各级下属机构和分支机构，都可以名正言顺地接受社会捐助，一方面减轻政府负担，另一方面提高社会对群众体育事业发展的关注，为全民健身公共服务筹融资拓宽渠道。

四、服务社会大众的需要

全民健身公共服务的对象是大众百姓，群众的满意度是衡量公共服务效率的最根本的指标，但目前全民健身公共服务的评价机制中却没有群众意愿表达的渠道，完全是政府体制内评价机制且经常流于形式。“一臂间隔”管理模式采用第三方(社会组织机构)参与管理监督，能够充分了解民意，体现百姓的真正需求。

第四节　我国全民健身公共服务“一臂间隔”管理模式的构建

根据“一臂间隔”原则，采用三方相互监督制衡的管理模式，构建全民健身公共服务一臂间隔管理模式，可以有效提高政府全民健身公共服务供给效益。首先，成立全民健身社会组织管理机构(非政府组织),聘请全民健身公共服务相关专家组成专家委员会,主要任务是考察和监督现有群众体育社会组织,确定和监督资助团体。地方政府群众体育管理机构则根据国家体育总局有关精神和文件,结合当地实际制定相关全民健身政策,并给当地政府提出全民健身拨款意向,不参与具体拨款。当地政府根据群众体育管理机构的预算和资助意向直接将资助款项划拨给全民健身社会组织管理机构,由全民健身社会组织管理机构根据当地群众实际需求和社会组织开展的实际情况来确定资助团体、分配金额,受资助的社会组织可分为体育类的社团组织、民办非企业、营利性场所。当地政府群众体育管理机构则经常检查、指导、监督受资助团体开展全民健身公共服务供给的具体情况,以便监督全民健身社会组织管理机构的运行和绩效,并为下一轮的资助意向提出合理政策建议。如此,则会形成政府、政府群众体育管理机构、全民健身社会组织管理机构三方互相牵制的监督机制,可以有效地防止寻租、腐败和民意缺失,能够从根本上保障有限的全民健身经费合理有效的利用。

现阶段,我国群众体育管理体制依然强调政府选择、政府供给,依然表现出从自上而下的线性架构,仍然是依靠行政指令手段配置资源、条块分割,产权模糊单一、以政治激励为主的全能管制型管理体制,并未随着市场经济的制度转型而发生根本改变。体育行政部门集决策者、协调者和操作者三种角色于一身,垄断体育公共服务的提供,即使本身有困难,却又不合理地限制社会力量参与体育事业。从公共服务的视角出发,其体制性缺陷突出表现为政府垄断、政府缺位、民意缺失。

“一臂间隔(Arm’s Length Principle)”管理模式是英国文化管理的方法,长期以来被英国政府视作文化管理的法宝,认为可以有效避免党派政治倾向对文化拨款政策的不良影响,保证文化经费由那些最有资格的人进行分配。根据一臂间隔原则,采用三方相互监督牵制的管理模式,构建全民健身公共服务一臂间隔管理体制,形成当地政府、当地政府群众体育管理机构、当地全民健身社会组织管理机构三方互相牵制的监督机制,可以有效防止寻租、腐败和民意缺失,能够从根本上保障有限的全民健身经费合理有效的利用。

“一臂间隔”管理模式虽然不是所有发达国家都采用的模式,如法国对文化的管理政府仍然实行中央集权式的直接管理,德国更强调州政府的作用,没有建立类似英国那样的具有较高权威的文化理事会。但我国长期以来政府直接管体育、直接办体育的体制形成了诸多难以消解的弊端,通过采用“一臂间隔”管理模式,能逐步转变政府对全民健身公共服务的全能型管理,推进全民健身公共服务发展的同时为我国体育管理体制改革提供新思路。

第九章 全民健身公共服务体系宣传推广机制研究

宣传推广工作对全民健身信息传播、公众健身主动性激发、全社会崇尚健身氛围的形成等具有重要推动作用。为贯彻落实全民健身计划，国家体育总局及地方各级政府体育部门近年来开展了一系列全民健身宣传推广工作，但宣传效果却差强人意。全民健身宣传推广工作的有效性须满足宣传客体的实际需求而非仅仅体现宣传主体的主观愿望，否则宣传推广效果将大打折扣。因此，构建科学合理的宣传机制是全民健身公共服务体系建设的首要任务。

第一节 全民健身宣传推广机制的构成

一、全民健身宣传推广机制的界定

宣传是指一定的组织利用大众传播媒介传播一定的消息、事实、主张、意图和观点，用以影响人们的思想、情感、态度和行为的社会活动。机制是指事物内部组织和运行变化的规律传播学认为传播就是信息的流动，传播学先驱拉斯维尔提出的信息传播 5W 模式将信息的双向传播与流通的关键要素定义为传播主体、传播内容、传播渠道、传播对象和传播效果。宣传工作实际上也是通过信息的传播与反馈实现政策目标的，根据机制的定义以及传播理论的支撑，将全民健身宣传机制定义为：与全民健身宣传相关的因素按一定的方式相互作用，实现宣传工作有效运行的模式或系统。它主要由宣传主体、宣传客体、宣传媒介、宣传制度、宣传反馈构成，五个子机制和谐有效的运行，实现全民健身理念的传播。

二、全民健身宣传推广机制的要素

全民健身宣传主体应由政府、体育非营利和营利性企业共同承担。全民健身公共服务宣传应发挥各个主体的作用，形成多元化宣传主体的格局。政府继续主导全民健身公共服务宣传工作，但应转变工作方式和内容，以全民健身政策宣传、科普知识宣传和激励其他主体宣传为主。体育非营利组织和营利性企业，应开展全民健身宣传营销，宣传本组织全民健身服务的品牌与特色，以服务本区域范围内的群众为主。全民健身客体应根据人群特征进行细分，提出相对应的宣传内容和途径，如借助报纸、电视对老年人的养生进行宣传，通过新媒体对青少年的健康成长、成年人的幸福生活进行宣传等。全民健身媒介包括宣传内容和途径，宣传内容除了各类大型健身活动的报道、相关政策制度的发布、健身知识方法的传播等，还应将日常健身活动信息及时发布和更新。宣传途径除了利用传统的媒体外，还应将目前已经应用非常规范的新媒体纳入其中。宣传机制运行过程中要及时关注宣传反馈，保障宣传效果。宣传结果是否有效还需建立反馈体系，利用访谈、网络、实地考察等深入一线的调查方法了解全民健身需求应是最有效的方案。当然上述各全民健身宣传要素能够互相协调运作需要有力的制度保障。

第二节　全民健身宣传推广机制的运行

目前我国全民健身宣传推广工作主要由体育行政部门实施，宣传经费主要由政府买单，政府进行全民健身宣传的内容与途径主要有以下三种。

一、全民健身宣传的内容与途径

（一）大型全民健身活动

自 1995 年起，国家体育总局每年开展一次“全民健身周”大型活动，据统计每年有近 3 亿人参加该项活动。与此同时，还组织开展亿万青少年儿童（2001 年）、亿万农民（1990 年）、亿万职工（2001 年）、亿万老年人（2001 年）和亿万妇女（2000 年）“五个亿万人群”健身活动。2007 年，国家体育总局将全民健身活动周扩展为全民健身活动月，要求各级政府在每年 6 月期间组织百姓喜闻乐见的体育活动，优惠或免费向社会开放公共健身场地和设施，以吸引更多百姓加入健身队伍。各地相关部门则充分利用节假日结合地方特色，开展内容形式多样的全民健身活动。以山东省为例，全省各市根据地方特点，以“全民健身月”和“全民健身日”活动为重点，积极打造品牌特色健身项目。如济南市“庆元旦，迎新春”系列赛，日照、临沂、聊城三市龙舟赛，莱芜航空节、青岛帆船周、潍坊风筝节、威海游泳公开赛、泰安登山节、临沂中国红色运动会等亮点活动。通过开展各类健身活动，增强了全省广大群众的健身热情，带动了更多人群加入健身队伍，同时也提升了城市影响力和知名度，成为宣传城市的重要名片、推动经济社会发展的重要平台。

（二）大型群众体育赛事

为有效推动全民健身计划、普及和提高非奥运体育项目、与世界体育大会接轨，到目前为止，国家体育总局已经成功组织举办了 4 届全国体育大会。大会项目增设了参与类和展现类项目，奖励办法也发生了改变，不进行集体金牌排名，不设团体总分，注重参与性与精神肯定这种计分方式突出了全民性、健身性，淡化了竞争性，目的在于让群众了解和享受运动的乐趣。从 2004 年起，地方省市也相应地开始举办省市级体育大会，已经成功举办的省市有河北、山东、安徽和广东，体育大会的规模和气势以及不同的特色对全民健身都起到了积极的推动宣传作用。例如2007年在广州肇庆市星湖牌坊广场举办的广东省第一届体育大会，场面隆重，热闹非凡，大会展示了地方传统健身项目如舞龙舞狮、龙舟舞等，中华传统体育项目如武术、太极扇等，还有健美操等现代健身项目，活动现场还安排了体质监测车免费为群众进行体质测试，健身指导专家免费为群众提供健身咨询服务等。随着2009年《全民健身条例》、2011年《全民健身计划2011—2015)的发布，更掀起了各级政府举办全民健身大会及健身交流大会的高潮。如辽宁省阜新市于2012年5月举行的首届全民健身运动大会，数万人参与，30个健身比赛项目，活动时间持续数月，参加单位达30个，覆盖面非常广。大会取消了传统的奖牌评比，评选出组织奖、贡献奖、创新奖和优秀项目奖，激发群众对健身活动的热情与此同时，运作相对成熟的各级农民、少数民族、残疾人运动会也逐渐倾向项目内容和组织形式的创新，注重突出参与性与健身性。

(三)国际体育赛事

在开发全民健身赛事的同时，各级政府还借助国内外重大赛事推动全民健身。如2006年国家体育总局借助北京奥运会提出“全民健身与奥运同行”的宣传主题，各级体育行政部门根据这一主题，积极展开了围绕奥运周期的全民健身活动，激发百姓参与健身的意识。2007和2008两年，仅国家体育总局就开展了约150次的大型体育健身活动，极大地激发了全民健身庆奥运的热情。青岛市体育行政部门借助2008年奥帆赛策划开展了“千帆竞发2008”与“双千计划”普及推广帆船运动，全市共创建中小学生帆船俱乐部74个，帆船特色学校64所、指导学生参与帆船训练4万多人次，除此之外还开展了全民帆船运动普及活动……“2010—2014欢迎来航海”，力争到2014年帆船参训人员达到30万人次，其中约百分之十五到二十的参训人员能够达到本市的帆船运动培训等级标准。

二、培训类宣传推广

(一)教材

为宣传全民健身知识，提高全民健身指导的科学性，国家体育总局群众体育司及社会体育指导中心编写出版了《社会体育指导员技术等级培训教材》，旨在提升社会体育指导员健身指导水平。1995年发行了第一套培训教材，2003年发行了第二版，2012年11月根据2011版的社会体育指导员培训大纲以及我国社会体育指导员的实际情况编写发行了新版教材，新版教材不拘泥于系统性和完整性，编写思路和方式注重实用性和可操作性，非常符合社会体育指导员实际工作需要，在健身知识体系方面，吸纳了最新的科学健身知识和方法，尤其是对不同级别群众体育组织的管理都进行的针对性论述，对近几年来国家出台的相关政策进行了详细的解读。

(二)培训

社会体育指导员是全民健身的倡导者、指导者、组织者，其作用的发挥对于全民健身的推进有着最直接的影响。国家体育总局从1994年起开始组织举办社会体育指导员培训班，首批培训了29名国家级社会体育指导员，到2010年我国各级社会体育指导员人数已增至65万，国家体育总局2011年发布的《社会体育指导员发展规划(2011—2015年)》中提出，2015年我国社会体育指导员将超过100万人，争取做到城市每一千人保证配备一名社会体育指导员，农村则每两千人至少配备一名。历年举办的社会公益指导员培训班费用都是由国家体育总局和各地体育局承担，公益社会体育指导员的培训已经成为我国落实全民健身计划的一项重要措施，为全民健身事业的宣传和推进提供着重要的人才资源。

(三)宣讲

国家各级体育行政部门组织健身理论和技术水平较高的专家学者和社会体育指导员利用全民健身日、节假日、各类比赛走进基层，与群众面对面宣传、指导和交流健身知识和理念，以增强全民健身意识，吸引更多的百姓参与到健身活动中来。例如，山东省体育局依托高校组建全民健身宣讲团，连续三年在140个县市举办“全民健身大讲堂进社区”公益健身服务活动，普及科学的健身知识和健身技能，对本省的全民健身工作起到了积极的推进和宣传作用。

三、媒体类宣传推广

为激发群众的健身热情，塑造健身氛围，各级政府相关部门利用小区广告牌、宣传栏、报纸、网站、电视专栏普及全民健身知识、技能、告知重大全民健身活动、发布日常健身站点信息等激发全民健身的意识。例如宁波市北仑区利用64个社区的LED屏和35个社区以及211个行政村的宣传栏进行全民健身示范宣传，通过城市和社区主路口的广告牌和高层建筑的电梯广告栏等传统媒体进行全民健身宣传，在不同媒体开设全民健身专栏，普及科学的健身知识、倡导终身健身意识、传播最新的健身理念和方法。又如济南全民健身中心建立了全民健身信息服务网站，网站内容分为信息公开、全民健身中心、科学健身与体质健康、文件传阅、健康管理、社会指导员、射击俱乐部、健身论坛8类，8类服务信息囊括了所有健身信息，非常方便百姓选择，极大地满足了百姓的多元化健身需求。

第三节　全民健身宣传推广机制存在的问题

一、活动类宣传效果不佳

为实施全民健身条例、全民健身计划，全国各地各级政府体育部门上行下效，挖空心思、标新立异的策划各种大型全民健身运动会，在宣传和推进全民健身的同时，也希望能在各个级别的评比中独树一帜，扩大影响力来证明工作的成绩。例如2009年6月20日上午，在乌巢景观大道摆下5000张乒乓球台，10000人参加了乒乓球比赛，但这个耗费大量人力、物力、财力的比赛却仅仅持续了2个小时就偃旗息鼓。另据报道，我国仅2011年内就组织了六项全国运动会，6月的老年人体育健身大会、7月的中学生运会、9月的少数民族运动会、10月的残疾人运动会和城市运动会、11月的智力运动会。如果再加上各省市、各级体育行政部门举办的大型全民健身运动会，全年的运动会数量非常可观。但看起来红红火火的全民健身运动影响力却不尽人意，不仅体育直播和电视报道少，网络搜索以及事后影响的报道也是少之又少。政府举办大型赛事无疑可以起到宣传全民健身的作用，但一味贪大求新、斥资投入、追求轰动效益的做法显然与全民健身的本意相去甚远，这样不但损失了本来就投入很少的全民健身经费，也与我国群众体育的发展方向相左。

二、全民健身信息供给不畅

我国经济的快速增长决定了全民健身需求的逐年增长和逐渐多元化。百姓除了希望在相关媒体上看到全民健身政策的发布、全民健身活动的报道、健身知识的传播、健身意识的倡导外，更需要日常健身信息的不断更新以利于就近参加健身活动。例如就近体育社团具体健身的时间、人群特征、活动场地、指导员信息、进入门槛等等具体的健身信息，但浏览全国各省市群众体育相关网页，像济南全民健身中心这样及时给市民详细提供不同需求的场地、健身课程以及电话时段预定的网络服务少之又少，更多是活动报道和成绩宣传，缺乏百姓实际需求的内容。

三、社会体育指导员培训效果不佳

国家体育总局及各地群众体育管理部门每年花费大量时间、精力、财力、人力定期举办各级公益社会指导员培训班，旨在改善当前国民健身指导不足的局面，但大部分社会体育指导员培训班培训时间短、课程实践性差、学员体育基础知识薄弱、地方传统体育项目少、经费不足等问题使培训效果难以保障，虽然社会体育指导员人数逐年激增，但指导能力却没有因为参加培训而明显提高。在访谈中，一些培训班的主办工作人员开诚布公的说："我们这种短期的理论培训没多大意义，主要是为了完成培训任务，大部分学员参加培训也主要是为了拿证。"国外社会指导员的管理、培训内容以及资格认定都与中国大不相同。以美国为例，社会体育指导员主要由美国运动医学会（ACSM）、全美体育教练员联合会（NATA）、美国体能协会（NSCA）、国家体育舞蹈联合会（IDET）四个部门管理。不同管理部门认定的社会体育指导员类别不同，培训内容也不同，针对性和实践性很强。我国也可以借鉴类似的培训方式将培训任务纳入各个体育协会，可以使学员在短时间对一项运动技能有一个较为全面的了解便于日后有能力从事该项运动技能的指导工作。

四、非营利组织宣传力度较弱

与政府全民健身宣传的强大攻势相比，真正贴近百姓健身需求的各类社会体育非营利组织却由于资金不足、人力不足、宣传意识不强、组织机构不健全等等主客观因素处于默默无闻、自生自灭的状态，这些承载着基层全民健身服务的组织由于缺乏有效的宣传，导致组织生存困难，难以吸引志愿者、难以形成科学指导、难以筹措基本的资金，完全处于个别组织者的爱好和奉献或一味等待政府的资助来维持，志愿指导者（多是退休人员）也常常因各种主客观因素而无法持续指导，给坚持锻炼的健身人群带来不便和遗憾，许多人因此而中断健身，极大地阻碍了健身热情。

第四节　全民健身宣传推广机制的优化

一、全民健身宣传主体多元化

各地全民健身大型宣传活动几乎由政府相关部门垄断，政府既是全民健身活动的投资者又是活动的举办者，直接控制着活动的运营，造成全民健身供给主体的单一化，财政成本增加的同时从制度安排上抑制甚至禁止社会组织或市场兴办的可能性，影响了全民健身公共服务社会供给的积极性。国家行政部门提供全民健身公共服务理所应当，但提供方式和供给范围应尽可能市场化、社会化。一些公共产品，如全民健身的公共体育场地设施、器材，全民健身的相关政策、制度以及全民健身事业的相关信息等都应该由各级体育行政部门提供，但诸如全民健身赛事、大型全民健身推广活动、社会体育指导员培训等准公共体育产品，体育行政部门完全可以通过营利性健身企业或体育非营利组织来提供，不仅能节约成本，又可以使政府工作人员从繁重的组织策划等具体工作中脱离出来，进行及时的监督和指导工作。营利性健身企业虽以营利为目的，但其产生的社会正外部性不可忽视，由其提供既可以提高活动质量，使活动开展得更加专业，又能向社会宣传自身的服务品牌。体育非营利组织供给能够最大程度体现百姓实际需求，也可以改变体育非营利组织习惯依靠政府的思维定式，通过承接全民健身宣传培训活动提高自身的组织管理能力、营销运作能力，逐步实现独立自主。

二、体育非营利组织加强宣传营销

体育组织非营利要想生存和发展，必须完善自我运行机制。而要长效运行必然需要一定资金支持，资金来源无非两种途径：争取政府公共项目和社会捐助，而这两种方案都需组织的游说和宣传，用专业术语来说就是营销。一些体育非营利组织管理人员没有营销意识，潜意识认为组织不以营利为目的就没有必要或不应该进行营销宣传，但正如20世纪末一位赫赫有名的骗子所言“卖掉布鲁克林大桥比把他免费送人要容易很多”，因为没人会相信天下会有免费的午餐，即便是最让人受益的服务也需要有效的营销。例如美国人独创的社区福利基金(community chest)，在许多方面都能对市场变化做出迅速的反应，他们总会适时的更新营销方式，根据社区企业员工的人数做调整，了解应该到哪些企业去筹资，把当地哪些社会团体纳入筹资对象的范围以便能与产业界展开有效的合作，他们充分了解就业结构的变化，以便设计最有效的筹资诉求，而不是仅满足于加强推销力度。著名管理大师德鲁克认为在设计非营利组织的服务和营销方案时，应该集中你所擅长的业务，同时了解客户(拒绝服务的人)，然后制定长短期都明确的营销计划。因此，体育非营利组织要体现自身的社会价值、让更多人了解和受益，必须变革思路和运作方式，将营利组织的营销理念和模式纳入组织的运行管理中。

三、积极引入各类新媒体

我国全民健身主要采用报纸、电视、广播、平面媒体形式等传统媒体进行宣传，但随着互联网的普及，移动终端进入人们的生活，基于互联网平台的视频化、社交化、移动化的体育新媒体被越来越多的消费者认可。中国互联网信息中心发布的最近数据表明，全球互联网桌面用户2000年有10亿多人，到2012年互联网移动用户已激增为15亿人，截至2012年6月底，中国互联网普及率已达39.9%，拥有互联网用户5.38亿人。有研究表明：从报纸、杂志甚至是电视上收看体育节目的用户比例在逐年下降，不仅体育消费者关注体育的媒介属性发生了变化，人群结构也发生着改变，从传统媒体上关注体育信息的人群已经呈大龄化，主要是50、60后人群，70、80、90后的年轻群体已经习惯于新媒体的接触方式。例如，已有大量中国观众在2012年的伦敦奥运期间使用平板电脑、手机、笔记本电脑等移动设备，利用微博、微信、手机移动应用程序等新媒体关注各类比赛资讯，全球互联网用户通过社交媒体在伦敦奥运会开幕式期间发送的奥运会相关信息有966万条，比赛期间生成的奥运主题内容在Facebook超过1.16亿条，在Twitter超过1.5亿条。新浪微博用户在奥运会期间共发布3.93亿个相关微博，累计访问3.1亿次，中国人人网上传奥运日志16万篇，奥运照片45万张，发表奥运相关动态600多万条，分享奥运相关内容900万次。腾讯公司推出的基于手机平台微信业务在14个月内(2011年1月到2012年3月)，注册用户已经接近2亿人。上述统计表明，利用新媒体进行全民健身宣传的方式已经势不可挡。

宣传推广机制是提升全民健身公共服务软实力的重要内容和首要推动因素，构建全民健身公共服务宣传机制应在全民健身宣传制度的有力保障下，推进宣传主体多元化，立足宣传客体，提升宣传内容质量，疏通宣传渠道，做好宣传反馈。同时，在传播理论的指导下，应结合社会媒体传播的新形势，紧扣全民健身工作的主旨，创新、搞活全民健身宣传机制，有效配合全民健身工作的开展。我国目前的全民健身宣传推广工作主要由政府相关部门实施，大部分宣传经费由政府买单，政府进行全民健身宣传的形式主要有三种方式：一是开展大型全民健身活动营造全民健身热潮，主要利用节假日开展示范性、展示性大型全民健身活动，通过举办大型群众体育赛事推进全民健身，借助重要赛事宣传全民健身。二是编写教材、举办培训、组织宣讲促进全民科学健身，宣传推动全民健身的积极性和科学性。三是利用宣传栏、电视专栏、报纸、网站多种媒体宣传全民健身。全民健身宣传存在政府宣传过于追求政治效益而忽略百姓实际需求、非营利社会体育组织宣传力度不足、政府宣传运营模式遏制了社会力量的参与的问题，解决上述问题，政府群众体育相关部门须转变职能，重新定位，同时减少举办大型全民健身宣传活动，增加日常健身宣传投入，而非营利体育组织则应形成宣传营销意识求得长效运行，真正参与全民健身公共服务。

第十章 我国全民健身公共服务发展规划及未来走向

2014 年 10 月 20 日，国务院颁布的《关于加快发展体育产业促进体育消费的若干意见》(以下简称《意见》)指出，要把全民健身上升为国家战略，把增强人民体质、提高健康水平作为根本目标。与此同时，党的十八大报告也提到“推动政府职能向创造良好发展环境、提供优质公共服务、维护社会公平正义转变。……必须从维护最广大人民根本利益的高度，加快健全基本公共服务体系，加强和创新社会管理，推动社会主义和谐社会建设”。党的十九大提出从 2020 年到 2035 年基本实现基本公共服务均等化的目标。作为基本公共服务均等化“升级版”的高质量公共服务体系，应当顺应新时代的发展需求，及时纳入地方乃至国家的整体发展规划中来加以推进。构建高质量公共服务体系是中国特色社会主义新时代的战略性安排。这些政策文件不仅为专家学者从战略高度思考公共体育服务的发展提供了依据，同时也对新时期公共体育服务发展规划目标的设计提供了方向指引，为解决改革开放以来我国体育民生事业发展不平衡、不协调等严峻现实提供了应对之策。虽然公共体育服务已在国家和地方层面引起了足够的重视，但不可否认全社会及各部门的公共体育服务规划设计依然停留在各自为政、以点代面的初级阶段。因此，有必要从国家顶层设计的高度对公共体育服务进行前瞻性思考，为公共体育服务发展专项规划的设计提供参考。

第一节 公共体育服务发展规划的意义

公共体育服务发展规划，关系到公共体育服务事业在未来一段时间内的发展理念、发展定位、发展思路和发展目标；关系到公共体育服务事业能否把握历史发展机遇，实现公共体育服务的突破性、创新性发展；关系到相关政府部门能否承担起“增强人民体质”的历史使命，实现“增强国民身体素质，满足民众体育需求”的宗旨。可以说，公共体育服务发展规划对公共体育服务事业的长远发展而言意义重大，影响深远。

一、指导建设、引导发展的纲领性文件

以往在实际工作中，一些地方政府领导由于缺乏公共体育服务建设的规划意识，把公共体育服务体系建设简单理解为场地、设施建设，忽视了服务的品质、功能、结构、均等化和多元化等要素。为此，我们必须抓住和利用好当前这一体育事业和产业发展的重要战略机遇

期，要将满足人民群众基本文化体育需求作为中国特色社会主义体育事业发展建设的基本任务，不仅要继续加强公共体育基础设施建设，还要完善公共体育服务网络，扶持兼具社会公共职能的体育服务产业的发展，使群众享有更多、更好免费或优惠的基本公共体育服务，努力实现基本公共体育服务均等化，在让人民过上殷实、富足物质生活的同时，享有健康、丰富的文化体育生活。

二、建立发展共识、确立目标优先等级的现实载体

《"十四五"体育发展规划》对"十四五"体育改革发展进行了全面部署，围绕体育强国建设，力求推动"十四五"体育重点领域实现高质量发展。《规划》提出了"全民健身水平达到新高度，竞技体育实力再上新台阶，青少年体育发展进入新阶段，体育产业发展形成新成果，体育文化建设取得新进展，体育对外交往作出新贡献，体育科教工作达到新水平，体育法治水平得到新提升"等目标为我们建设公共体育服务确定了优先发展目标，形成了建设公共体育服务的基本共识。国家和地方各级体育部门都要客观分析本领域、本地区的形势和任务，通过政策引导更加合理地配置公共体育资源，使公共体育资源向中西部、老少边穷地区、农村和基层倾斜，努力缩小地区、城乡差距。尽早地、更好地让所有公民共享改革发展的成果，共享基本的体育生存与发展权益。

三、实现不同利益主体、系统间沟通与合作的客观依据

各地政府在公共体育服务体系建设领域的探索，因缺乏国家和地方层面的实施方案出现了不少问题和困难，各级政府的各个职能部门在公共体育服务体系建设的实践活动中也十分迷茫。因此，必须结合我国当前的客观实情以及群众的需求，制定我国公共体育服务体系实施方案。通过制定发展规划的方式使我国公共体育服务体系建设在城市和农村之间，在经济社会发展水平不同的地区，在不同层级政府之间都能有据可依、各有侧重，从而最大限度地获得其他职能部门的协助和配合。

四、提升体育地位、实现跨领域合作的有效途径

经济社会发展转型要求体育事业与医疗卫生、科教文化、社会福利、城市建设、旅游休闲等相关领域全面对接。公共体育服务规划正是将体育福利、体育生活、体育权益纳入"人的全面发展"之中，坚持"体育也是民生"的理念，和其他社会公共部门共同维护了社会和谐稳定，保障和改善了民生，提高了人民的生活质量。

五、拓展发展理念，实现共建共享的重要举措

规划研究将着力探索中国后奥运时期体育的可持续发展模式，树立现代体育的服务生

存理念，以公共体育服务体系建设为抓手，聚焦关键性问题，整合并优化资源配置，找到可能的合作共赢之道。通过拓展体育的角色和功能，发挥体育对经济社会发展的多功能效应，推进体育与健康、全民健身、竞技体育、体育产业、青少年体育、体育休闲旅游等多项领域的融合发展，发挥体育对社会建设的综合作用。

六、提供评价标准、开展绩效评估的重要抓手

现有的体育专项规划在体育事业发展中发挥了重要的指导和规范作用，但同时也暴露出若干问题。譬如缺乏理论支撑，没有可供依托的技术体系；而且从实践层面看，不少指标要求是无法完成的。而公共体育服务体系规划的兴起，可以从宏观战略指导上、中观理论支撑上、微观指标控制上对传统体育专项规划的缺陷进行弥补。

七、把握发展机遇、改革发展方式的现实需要

我国公共体育服务事业经过多年的发展，取得了长足的进步，在公共体育服务提供的数量和质量上都有了很大程度的提升。然而，在我国公共体育服务领域还存在着诸如“政府提供的公共体育服务不足，公共体育服务覆盖面、均等化还有待加强，体育场地设施、组织体系建立、科学健身指导等诸多方面与广大人民群众的需求存在较大差距”等问题。为了解决这些困扰公共体育服务发展的难题，必须创新公共体育服务的方式方法。2014 年，国家体育总局提出了“向改革要动力，以改革促活力”的体育事业发展基本原则，这为公共体育事业的发展提供了新的方向。规划具有指导事物发展的作用。通过对公共体育服务规划的研究，对公共体育服务发展的基础进行了系统分析，总结了公共体育服务发展的优势与不足，提出了在未来一段时间内公共体育服务事业发展的优先顺序及发展目标。这为政府发展公共体育事业提供了依据，避免了政府发展公共体育服务过程中的盲目性，为公共体育服务的加速发展甚至是跨越式发展提供了保障。

八、获得财政支撑、丰富建设主体的关键凭据

政府不再是公共体育服务唯一的供给主体，为了提高公共体育服务供给的质量和效率，必须充分借助社会、个人、市场等其他供给主体。公共体育服务发展规划通过对不同公共体育服务供给主体职责的划分，为市场和社会团体介入公共体育服务提供了路径参考。与此同时，国务院在颁布的《关于加快发展体育产业促进体育消费的若干意见》中明确指出了“推广和运用政府和社会资本合作等多种模式，吸引社会资本参与体育产业发展”，公共体育服务发展规划通过研究国家和地方政府肩负的公共体育服务职责，对其进行相应的资金支持。与此同时，公共体育服务发展规划通过对社会、个人、市场等供给主体参与公共体育服务的

形式、内容方面的研究，为这些供给主体提供资金政策上的支持提供了依据。

第二节　公共体育服务发展规划的内涵

一、公共体育服务发展规划的含义

什么是公共体育服务发展规划，如何理解其内涵和意义？要阐明这一概念，首先要认识"规划"。规划是谋划、筹划的意思，一般指比较全面或较长远的计划。可见，规划是计划的一种，规划与计划相似，但又存在着一些差异。规划侧重于对事物的谋划、筹划，提出事物发展的目标、保障措施、实施步骤等内容，并不关注具体实施的方法、内容。而计划是对未来工作的安排部署，重点关注具体问题，比如做什么、由谁做、怎么做等。由此可见"规划"更侧重于管理，"计划"更关注实施。

当前，对于公共体育服务发展规划的探究尚处于起步阶段，并没有明确的、对其展开讨论的现存文献资料。然而，通过其他领域对此类问题的探讨，我们也能对公共体育服务发展规划的内涵做出尝试性探索。其他领域对相关规划含义的探讨大体可以划分为两类。一是把相关规划定义为围绕规划主体发展目标而设计的促进规划主体发展的综合性方案；二是认为相关规划不仅仅是促进规划主体发展的方案，更是对规划主体管理方式的改变，是筹划或设计规划主体发展的活动或过程。前者注重静态的规划，等同于把相关规划形成一种文本；而后者则不仅把相关规划单纯看作规划文本，同时也把相关规划看成一种管理方式. 注重静态文本与动态管理的结合。应该说，第二种对规划的理解更符合规划的本质属性。因为"静态文本"的构成相对简单，对未来发展进行设想，促进设想的实现。然而这种"设想"由理论变成现实却不容易。事物的发展会面对纷繁复杂的现实状况，这种"静态一次性文本"在促进规划主体发展中发挥的作用也会受到影响；而第二种对规划的理解在促进规划主体发展方面则更能发挥较好的作用，通过对规划主体的活动和过程的管理，不断完善和修改促进规划主体发展的策略，进而改变管理结构，促进规划主体目标的实现。

因此，笔者认为，公共体育服务发展规划既是一种公共体育服务管理方式的创新，又是政府部门联合社会各界成员制定和实施公共体育服务发展综合性方案的过程；是为公共体育服务的发展提供支撑，并不断探索适合公共体育服务发展的策略；是为不断提高公共体育服务质量而进行的管理活动。

二、公共体育服务发展规划的特征

(一)公共体育服务发展规划是一种全新的管理理念

一般而言，人们把发展规划理解为规划文本的制定、实施。规划文本并不涉及对规划主体管理理念、管理方式的更新，也并不牵扯到管理技术的应用和实施过程；而强调公共体育服务发展的规划是一种活动、是一个过程。公共体育服务发展规划注重管理方式方法的更新，注重责任分享，注重优先完成等级靠前、有实现可能的重点项目，注重在实践活动过程中对规划内容的不断改进与完善等；使人们对公共体育服务发展规划有全面的认识，领悟其全新的含义，进而促进人们对公共体育服务管理的深入思考，关注公共体育服务管理层面的转变与调整。通过公共体育服务的实践与体验，客观、理性地对公共体育服务的发展进行分析，在此基础上确定在未来一段时间内公共体育服务的发展策略、目标定位、内容构成、保障措施等，真正促进公共体育服务的发展。

（二）公共体育服务发展规划是一种系统的管理方式

公共体育服务的管理方式纷繁复杂，既包括目标管理、角色管理等传统管理方式，也包括过程管理、信息管理、绩效管理等现代流行方法。然而无论是传统还是现代的管理方式，由于自身的特点与不足，任何一种管理方式都不能完全胜任具有综合性特征的公共体育服务。然而把公共体育服务发展规划看作是一种系统性的管理方式，既涵盖了一般管理方式的基本内容，也展现出对公共体育服务管理的整体性、长远性的考虑；使人们对公共体育服务发展的关注不仅仅单纯集中于发展目标、发展过程等方面，还促使人们对各种管理方式的适切性、有效性、合理性做进一步的思考，从而寻找到与公共体育服务发展相契合的管理方式。

（三）公共体育服务发展规划是一个连续的行动过程

公共体育服务发展规划不单是针对公共体育服务提出相应的发展目标或设想，或者是仅仅勾勒出一幅公共体育服务事业发展的宏伟蓝图，而是借助公共体育服务发展规划的制定、实施、评价等一系列活动的开展与完成，引导社会各界广泛参与，形成发展合力，不断改进公共体育服务的数量和质量，改善公共体育服务的管理、实施、运行等工作，并在长期、持续不断的公共体育服务开展过程中，调动社会上各种积极因素，逐步丰富公共体育服务的可利用资源，充分发挥各种资源的潜能，努力地将公共体育服务事业的发展目标由理想转变为现实。

（四）公共体育服务发展规划是一个民主的实现形式

尽管公共体育服务发展规划承认政府意志必不可少，但是也必须要重视社会各阶层人士及社会组织的发展意识，重视社会民众的真正参与。通过构建完善的沟通表达机制发扬社会民主，广泛吸收相关利益群体的建议，以此来指导公共体育服务发展规划的设计、编制、实施，协调不同利益群体间的关系，并由此获得广泛的社会认同，促进公共体育服务事业的发展。

第三节　公共体育服务发展规划的任务

一、发展目标分析

公共体育服务包括场地设施、服务组织、运行系统、政策法规和监督评价五个方面，在公共体育服务发展规划中必须对这五个方面在未来要达成的目标进行规划设计。由于这五个方面的情况各不相同，在规划设计时需考虑的重点也应该各不相同，具体内容如下。

（一）场地设施的规划设计思考

场地设施建设是我国公共体育服务的基础核心环节，是提供公共体育产品和服务的载体。对其进行规划设计时应该着重考虑以下几点内容。首先，场地设施的“数字化”建设包括两个方面的内容，即场地设施建设总量与人均场地设施量。根据最新的第六次全国体育场地普查数据显示，截至 2021 年 12 月 31 日，我国拥有体育场地总计 397.14 万个，场地面积 34.11 亿平方米，人均体育场地面积 2.41 平方米。从数据上来看我国体育场地总数数量巨大，然而人均体育场地面积不足，成为阻碍人们参与体育运动的重要原因之一。因此，在公共体育服务规划设计中应该对人均体育场地面积进行重点关注，对在未来一段时间内人均体育场地面积所达到的目标有明确的数字化指标。其次，场地设施的“多样化”建设。据调查显示，随着体育场地设施建设的增加，人们的体育满意度却没有明显的上升。造成这种现象的主要原因是我国体育场地设施建设千篇一律，不能满足人民群众多元化的体育需求。因此，在公共体育服务规划设计中应该就人民群众的体育需求做出相应的方式方法指导，以人民群众需求为依据来指导我国公共体育服务场地设施的建设。再次，场地设施的“高效化”利用。在我国一直存在着公共体育设施使用效率低下的问题。这种现象的出现主要有建设与布局失衡、管理决策与内部发展的失调、行政体制本身的弊端等多方面的原因。公共体育服务发展规划应该对这些问题有相应的思考，做到未雨绸缪。最后，场地设施的“及时化”修缮。在我国已经颁布的公共体育设施建设规划中并没有关于场地设施后期维护方面的要求，但场地设施维护工作的缺失已经对公共体育服务事业的发展产生了极其不利的影响。因此，在规划研究时应该对这一方面的工作做出相应的部署，对设施维护的责任人、责任人的相关职责和权力、维护的资金投入和使用等方面做出详细的规定。

（二）服务组织的规划设计

我国公共体育服务组织的发展经历了从单一向多元的发展历程。政府对公共体育服务的职责范围逐渐缩减，主要负责基本公共体育服务及维持秩序，公共体育服务可以进行市场化运行的部分主要由市场负责。与此同时，社会组织也逐渐登上了历史舞台，由于其自身特有的非营利性和慈善性特点，填补了公共体育服务的“市场失灵”和“政府失灵”的真空地带。然而，政府、市场、社会组织作为三大服务组织，我国对其各自所履行的具体公共体育服务职责尚未完全清晰。因此，服务组织的规划设计重点就在于区分各个服务组织之间的职能范围和责任义务。

首先，服务组织的“基石”——政府组织。政府作为服务组织的“基石”，其职能主要体现在以下几个方面。

1.政策法规的制定

政府已不再是公共体育服务的具体实施者，而是通过运用自身所有的立法权，通过颁布相应的法律法规，构建良好的公共体育服务发展环境，将公共体育服务的建设和管理纳入制度化轨道，以此来促进公共体育服务的发展。由此可知，对于政府这一方面的职能，在进行规划设计时应该着重分析公共体育服务建设时可能碰触到的法律问题，比如政府、市场、社会组织的职能划分、市场环境的维护等，并以此为依据指导政府履行职责。

2.提供基本的公共体育服务

基本的公共体育服务由于具有全民性和无偿性的特点，只能由政府提供。为了方便政府提供基本的公共体育服务，规划设计应该就基本公共体育服务的内容、重难点、区域特征等内容进行整体规划和分析。

3.对公共体育服务进行监管

规划设计研究应该通过构建评鉴指标，为公共体育服务的监管工作提供依据。

其次，服务组织的“肱骨”——市场。市场组织本身所具有的高效活力能够有效弥补政府在提供公共体育服务方面的不足，是必不可少的服务组织之一。由于市场组织在提供公共体育服务时所面对的情况千差万别，市场组织本身所扮演的角色也各不相同。因此，其职能的判定只能通过服务过程中所扮演的角色来断定。总体来说，市场主要扮演四种角色，即公共体育服务中的“提供者与生产者”“生产者与被消费者”“生产者与合作者”和“购买者与提供者”。在规划设计研究时应该针对这四种情况，对其所肩负的职能进行分门别类地探讨，通过总结共性，提炼市场服务组织职能的基本原则，以此来指导市场服务组织的建设。

最后，服务组织的“补充”——社会组织。社会组织在我国的发展相对来说还不完善，社会组织的构建和发展尚处于起步阶段。因此，规划设计的研究应集中于对社会组织运营模式、原理、机制等内容的探索和建设。总体来说，服务组织的规划设计应体现“一定”(唯一目的是实现公共体育服务均等化)、“三分”(明确政府、市场、社会的职责范围)、“三合”(形成市场、社会、政府建设公共体育服务的合力)的战略思想，指导服务组织的建设。

(三)运行系统的规划设计思考

运行系统是依附于服务组织而存在的，随着服务组织的发展壮大，运行系统的内容也不断丰富和完善。中华人民共和国成立初期，政府部门作为公共体育服务唯一的服务组织，公共体育服务的运行操作单纯地由相关职能部门承担和实施。此时公共体育服务的运行系统相对较为简单，一般按照传统的由上到下的任务分配模式进行，运行手段也较为单一。经过长时间的发展，人们逐渐认识和了解到这种运行系统存在的种种弊端，开始进行相应的改革。特别是改革开放以来，市场作为提供公共体育服务的重要一环，开始逐渐在公共服务领域发挥作用。随着市场服务组织的出现，对与之相适应的运行系统的需求也日渐高涨。与此同时，市场服务组织所肩负的公共体育服务职责来源于政府职责。因此，哪些公共体育服务职责应该由市场来承担，市场对这些公共体育服务职责是完全承担还是部分承担，用何种方式履行这些公共体育服务职责等问题都是迫切需要解决的。在公共体育服务领域还有些空白地带是市场不愿意管，政府顾及不到的。社会组织具有非营利性和慈善性的特点，是弥补这一空白的最佳选择。现存的社会组织主要包括体育社会团体、体育类非民办企业单位和体育基金会三种类型。每一种社会组织都需要与之相配套的运行系统来保障其顺利运行，对于这些运行系统的研究必不可少。鉴于服务组织的不断壮大，运行系统也日渐复杂和丰富。规划研究对于运行系统的设计应该从以下几个方面进行考虑。

首先，原则性。对不同服务组织间系统的研究提出原则性要求，确保系统的运行方向。其次，职责明确化。由于各个供给主体所应该肩负的公共体育服务职责还未完全明确，这对公共体育服务的运行产生了极大的影响。因此，在规划设计研究中应该对市场、政府、社会组织三方的职能进行相应的划分，明确各自的公共体育服务职责。最后，法制化。党的十八届四中全会明确提出了全面推进依法治国的指导思想、总体目标、基本原则，这为体育部门依法治体，解决发展中存在的问题提供了新思路。为了保障公共体育服务运行系统的通畅，应该在现有法律基础之上进一步探索制定《关于加快推进公共体育事业运行体系建设指导意见》《公共体育服务运行条例》等专项法规，推进公共体育服务运行系统的规范化和法制化建设。

（四）政策法规的规划设计思考

公共体育服务政策法规作为各级体育行政部门行使行政职能的主要规范和依据，对拨款具有指导作用，它的缺失对公共体育服务工作的开展产生了极为不利的影响。其次，监督评价指标尚未完全建立。监督评价指标是政府进行公共体育服务监督评价的标准。然而，我国的公共体育服务监督评价指标并不完善。目前，我国几乎没有与公共体育服务相关的法律法规，《中华人民共和国体育法》作为体育领域的基本法却没有公共体育服务方面的相关规定。目前正式文件中提到公共体育服务体系建设的只有《国家体育事业发展“十二五”规划》，尽管其在多处对公共体育服务做出了阐述，但是对如何进行监督评价、评价指标有哪些等并没有做出相关的说明。监管标准的不确定，使政府部门在履行监管职能时无据可依，使工作很难落到实处。与此同时，为了监管工作的顺利实施，不同政府部门自定监管标准，在一定程度上造成了监管标准的混乱。再次，监督评价机制不健全。这包括监督评价的运行机制、参与主体、监督评价结果的运用等方面的问题。针对公共体育服务监督评价工作的这些问题，监督评价的规划设计应该从以下几个方面来构思。

首先，规划设计应该就公共体育服务监督评价工作的意义进行有理有据的论述，使相关政府部门充分认识到工作的重要性，进而把监督评价工作落实到位。其次，规划设计要思考监督评价框架的构建和指标内容的完善。对于监督评价框架的构建，规划设计研究可以从评估主体、评估客体、评估方法、规划指标、评估程序等几个方面来进行阐述，这也从一个侧面回答了“为什么评估、评估什么、谁来评估和如何评估”四个基本问题。评估主体的选择要做到“全面性”“合理性”；评估客体则应具备“独立性”；评估指标则要“全面”“具体”“可行”“简便”；评估方法要多元化，打“组合拳”；评估程序要做到环环相扣、紧密有序。与此同时，关于评价指标的构建，规划研究设计应该体现出评价理念与指标的一致性、定量与定性相结合、客观性与可行性相统一的原则。

二、建设任务思考

（一）场地设施建设任务之思考

场地设施以“三化”建设为依托，即渠道多样化、建设数字化、管理创新化，最终建成“种类齐全、功能完善、布局合理、区域平衡、管理系统”的场地设施体系。首先，建设渠道多样化。继续依靠政府组织的诸如“农民体育健身工程”“雪炭工程”“全民健身路径工程”“全民健身活动中心”“全民健身户外活动基地”“社区多功能全民健身设施”等活动的开展，积极增加全国场地设施总量。进一步推行政府采购、项目补贴、委托生产或管理、定向资助、贷款贴息等场地建设形式方法，拓展公共体育设施建设的供给方式和渠道，提高公共体育设施的数量和质量，形成政府主导、社会参与、市场运作、多方投资的公共设施发展格局。积极引导机关、企事业、社团、市民等对体育设施建设事业的捐助，以企业包村、部门帮扶、个人捐助等方式开展城乡体育设施结对共建活动。其次，场地设施建设“数字化”。我国体育场地总数数量巨大，然而人均体育场地面积不足。人均体育场地数量不足成为阻碍人们参与体育运动的重要原因之一。因此，在公共体育服务规划设计中应该对人均体育场地面积进行重点关注，对在未来一段时间内人均体育场地面积所达到的目标有明确的数字化指标。最后，管理模式的“创新化”。将公共体育设施建设纳入城市建设规划和土地利用规划，落实国家的相关规定。建立健全政府统一领导，相关部门分工负责，社会团体积极参与的工作机制，形成推动公共体育设施建设的合力。坚持设施建设和运行管理并重，将分散在不同部门的公共体育服务设施有效整合，实现基层公共体育设施的共建共享；形成综合、系统、运行有效的公共体育服务网络,体现便民、惠民,提高整体服务能力,发挥综合效益。补充及实施不同层级政府对提高体育设施开放率的政策,积极探索建设相应的开放条件、标准、补助政策、保险实施办法、收费标准、管理规范行为方法、责任追究制度等相关措施,对场地设施进行不定期的检测评定,进一步扩大开放范围,促进体育资源的有效使用;进一步鼓励学校体育场馆向社会开放,创造相应的条件进一步促进机关、企事业单位的体育设施对外开放,实现体育资源社会共享。

(二)服务组织建设任务之思考

服务组织建设的目标是形成公共体育服务组织建设的"网络化"、供给模式的"多元化"、供给方式的"菜单化"。首先,实现组织体系的"网络化"。应积极发展行业体育协会、人群体育协会、单项体育协会、基层体育组织等体育社会团体,努力拓展民办体育俱乐部、体育学校、体育场馆等体育类非民办企业单位,大力开发各类体育基金会,形成以体育社会团体为核心,以体育类非民办企业单位为基础,以各类体育基金会为保障的网络化体育组织体系,将每一个民众都网罗其中。其次,供给模式由"单一化"向"多元化"发展。在保障人民群众基本体育权益的前提下,充分发挥政府、市场、社会三方力量优势,实现公共体育产品和服务从传统的中心提供模式向多中心、多层次、协同合作的提供模式转变。通过政府公共体育产品采购、公共体育服务外包、公共体育设施委托经营、国有民办、民办国助等途径,引入市场化运作机制,广泛吸引社会力量参与,提高公共体育投入效率、管理效率和供给效率。最后,实现供给方式的"超市化""菜单化"。要进一步整合各种体育资源,搭建新型公共体育服务平台,拓展服务领域,丰富服务内容,配送群众需要的体育产品,建立起以人民群众需求为导向、优质高效、普遍均等化的新型城乡公共体育服务机制,形成城乡公共体育"'超市化''供给''菜单化'服务"的模式。

(三)运行系统建设任务之思考

运行系统的建设目标是公共体育服务运行的"制度化"、公共体育服务主体职责的"明确化"、运行体制的"顺畅化"。首先,公共体育服务运行的"制度化"建设。目前我国公共体育服务运行随意性较大,造成这种情况的主要原因在于政策法规不完善。为了加快我国公共体育服务运行的制度化建设进程,应在已有法规的基础之上,积极探索制定《关于加快推进公共体育事业运行体系建设的指导意见》《公共体育服务运行条例》等专项法规,综合运用政治、法律、经济等多种手段,逐步实现公共体育服务运行体系的规范化和制度化建设。其次,公共体育服务主体职责的"明确化"分工。政府在包办体育的过程中已越来越力不从心,必须借助市场、社会组织、团体的力量。因此,必须明确各供给主体之间的职责范围。对职责范围的划分可以依托研究所、高校等科研机构,通过专门的课题立项进行研究,最终实现公共体育服务的明确划分。各个供给主体间职责分工要做到"不重叠、互补充、全覆盖"。最后，公共体育服务运行体制的“顺畅化”改革。目前，我国公共体育服务的运行还存在着体制和机制上的问题，对公共体育服务体制、机制的改革是实现公共体育服务均等化发展的重要举措。通过手段的改革、形式的创新实现公共体育服务运行机制顺畅、体制合理，为公共体育服务的发展提供保障。

（四）政策法规建设任务之思考

政策法规是保障公共体育服务体系建设的重要内容。政策法规的建设要实现“有法可依、有法必依、执法必严”的目标，其中“有法可依”是基础，“有法必依”为关键，“执法必严”作标准。为了实现这一目标，要做好以下三方面的工作。首先，做好配套立法工作。第一，政府应该积极探索制定《全民健身条例》《彩票管理条例》《关于加快发展体育产业的指导意见》《关于进一步加强运动员文化教育和运动员保障工作指导意见》等政策法规实施相关的规范性文件。这些政策法规条文中的原则性、指导性内容，只有通过配套措施才能发挥其法治效力。第二，政府应该在以下重点领域推进相关政策法规的出台，比如社会性组织培育、职业体育发展、体育市场行为、防止过度市场化、完善体育标准化、体育赛风赛纪治理、体育人身伤害事故处理与救济、体育纠纷调解等。其次，注重政策法规的宣传。构建面向公众的、权威的体育政策互动广告平台，及时传递和普及体育政策信息。开通体育资讯专线，专门解决民众的体育疑难问题。最后，落实政策的执行。加强政策执行的监督，健全责任追究机制。第一，加强监管力度。在落实政府监管的同时，要积极建立并完善社会监管、专业机构监管机制，形成以社会监管为核心，专业机构监管为关键，政府监管为辅助的监管体系。第二，严格落实体育相关政策的执行。将政府对体育政策的执行划入政府的考核之中，并作为重要的考核标准之一。第三，为避免政策失败后责任难以认定和追究而无人负责的情况，可尝试建立与政策执行者相关的法律，对政策执行过程要做出制度规定，并从行政、刑事、民事三方面规范政策执行者的法律责任。

（五）监督评价建设任务之思考

监督评价要以体系完善、主体多元、秩序规范为目标，起到为公共体育服务体系建设保驾护航的作用。首先，构建完整、科学的绩效考核指标。公共体育服务监督考核指标的构建要从“投入层”“产出层”和“结果层”三个层面出发，形成对各领域的全覆盖。评价指标的划分以“三等级”为标准，形成散点化的评价指标分布形态，从点、线、面出发最终形成由点成线、由线成面的公共体育服务监督考核指标，将公共体育服务各个方面包含其中。其次，加强监督立法建设，促进评估活动制度化。探索建设《关于政府绩效评估的指导意见》《政府产出与绩效评估技术指南》等法律法规，通过法律政策权威做保障，构建政府体育部门绩效评估的长效机制。最后，优化评估主体。完善内部评估主体，逐步转变过去以定性评估为主的方式，提高内部评估的科学性。建立专门的评估机构负责规划和政策的评估审查，积极培育独立的第三方评估主体并引入利益相关者评估。

第四节 我国公共体育服务发展的未来走向

习近平总书记提出了我国未来经济社会建设的一系列目标和要求。

公共体育服务作为公共服务的内容之一，是我国社会主义建设事业的重要组成部分。在未来的很长一段时间内，公共体育服务的发展必须顺应我国改革背景和时代要求，深入贯彻习近平总书记系列重要讲话精神，以公共体育服务发展理念的转变引领其发展方式转变，以发展方式转变推动公共体育服务质量和效益的提升；通过认识新常态、适应新常态、引领新常态，实现好、维护好、发展好最广大人民群众根本的体育权益，实现公共体育服务由注重建设成果向关心建设效果的方向转变；通过公共体育服务建设加速实现建设体育强国和小康社会的宏伟目标。鉴于此，我国公共体育服务发展的未来走向要从制度完善和理论研究创新两个方面同时展开。

一、制度建设方面

（一）坚持以人为本，构建和完善公众公共体育服务的需求表达及意见反馈机制

以人为本是我国社会主义事业建设的价值取向。所谓以人为本就是要尊重人、理解人、关心人，要把不断满足人的全面需求，促进人的全面发展作为发展的根本出发点。从以人为本的角度来看，公共体育服务的相关建设还存在诸多不足，突出表现在公众对其建设的满意度不高，公众多元化的体育需求不能得到满足等方面。因此，公共体育服务在未来发展的过程中首要解决的问题就是构建和完善一套能够反映公众公共体育服务需求、意见及评估，能够流畅运行的需求反映机制。通过机制建设一方面能够使公众所需、所想与政府所建、所行相一致；另一方面能够保障公众公共体育需求表达、决策参与等权利的实现，并增强公共体育服务的社会效益。

（二）深化治理革新，建立和完善公共体育服务治理结构

政治体制改革是我国全面改革的重要组成部分，必须继续积极稳妥地推进政治体制改革，发展更加广泛、更加充分、更加健全的人民民主。这为公共体育服务政府部门的治理改革提供了思路指引。政府部门对公共体育服务的管理必须由原先那种带有封闭性、单向度管理特征的国家管理模式及半封闭、单向度的公共管理模式向具有开放性和双向度特点的公共治理模式转变。例如，通过筹建以政府代表、社区居民代表及社会组织代表为构成主体的管理委员会来加强对公共体育服务相关工作的管理。通过公共体育服务相关部门治理结构的建立与完善，保障公共体育服务的非营利性和公益性，不断提高公共体育服务的水平和

质量。

(三)把握经济形势,创新和变革公共体育服务资金投入的方式及渠道

习近平总书记提出了认识新常态、适应新常态、引领新常态的经济发展大逻辑。这一逻辑也是公共体育服务领域资金投入建设的指南针。随着我国经济社会的发展和政府对公共体育服务的日益重视,政府对公共体育服务领域的资金投入也日益增加。这就需要相关部门根据政府公共体育服务资金投入的形势,对相关资金投入的方式方法做出相应改革。相关部门可以依据公共体育服务的质量、绩效,建立激励与约束相统一的财政资助制度,使各级财政投入与各类公共体育服务机构转换机制与增强活力和改善服务紧密联系起来,从而提高整个公共体育服务的水平。

(四)贯彻依法治国,探索与创立公共体育服务第三方绩效评估机制

我国体育部门要深刻领会依法治国的重大内涵,使依法治国理念在体育领域落地生根。建立第三方评估机制就是实现依法治国理念的途径之一。必须抛弃原先"自建自评"的监督机制,加强公共体育服务绩效评估工作的宏观管理和行政监督,把公共体育服务的具体评估工作让位于独立、专业的第三方评估机构,逐步建立激励与约束相统一的公共体育服务监督评估机制,保障公共体育服务评估工作的公正性、专业性、独立性,提高公共体育服务质量。

二、理论研究方面

(一)不同层级政府间公共体育服务职责的划分研究

目前,我国的政府层级主要有两级制、三级制和四级制三种形式,其中四级制(即中央、省、市、县)是政府层级划分的主体。在公共体育服务领域,不同政府层级间公共体育服务的职能划分问题一直是困扰我国公共体育服务建设的难题。因此,未来的公共体育服务建设必须准确界定不同层级政府间公共体育服务职能,确定不同层级政府间公共体育服务的范围和重点,加强对公共体育服务的地理范围、受益范围、成本范围、管理范围与政府层级间关系的研究。

(二)不同时期政府公共体育服务模式的选择及完善研究

模式是把解决某类问题的方法总结归纳至理论进而形成的方法论。公共服务作为政府四大职能之一专家学者对公共体育服务模式的研究投入了大量的精力。到目前为止,专家学者对公共体育服务模式的类型(大体可以分为政府主导型、市场主导型、有限市场型和有限政府型)、不同类型的优缺点等方面的内容都有了较为深刻的了解。在这些研究的基础之上,在未来一段时间内,政府公共体育服务模式的发展方向应该由理论向实践转变。以对我国社会发展现状及趋势的分析为依托,正确选择适合我国国情,有利于公共体育服务发展的模式,并加强对公共体育服务模式修改、更新等方面的建设。

(三)公共体育服务标准化研究

标准一般是指为了通用或重复性使用,由公认部门考核通过的,具有非强制性的,对产品、产品加工或生产方法提供准则的文件。公共体育服务标准化建设是提升政府公共体育服务职能效率,提高公众满意度,实现公共体育服务均等化发展的有效手段。《体育馆卫生标准》是我国体育领域标准化建设的开端,现在政府部门通过组织建设,已经将标准化渗透到体育的各个方面。然而,公共体育服务领域的标准化研究尚处于起步阶段,这对其发展产生了一定阻碍。因此,未来公共体育服务研究及建设的重点之一就是其标准化建设。研究可以从公共体育服务标准化建设的背景、机遇、意义、内容、困境及策略方面着手。

(四)公共体育服务体系建设的普适性研究

当前,公共体育服务在城乡之间、不同地区之间存在明显的发展失衡现象,不同社会群体享有的公共体育服务也存在较大差异。为此,在公共体育服务体系构建的过程中,要加强普适性研究,处理好普及与适度的关系,安排好城市与农村的均衡建设,既让大众都能享有基本的公共体育服务,体现公平,同时也要适度,不能滞后也不能太超前,统筹兼顾,促进公共体育服务在城乡、区域间的协调发展。

(五)公共体育服务示范区建设研究

公共文化服务领域于 2011 年后就着手开展示范区建设工作。通过示范区建设,我国公共文化服务有了长足进步,这为公共体育服务发展的走向及示范区建设提供了参照。开展公共体育服务示范区建设,首先要对其建设的可行性、必要性做出分析;在此基础之上加强示范区理论及实践研究的互动,结合示范区创建实际、突出矛盾及问题,以制度设计研究指导示范区实践,探寻解决问题的规律,吸取前人的经验教训,最终形成一系列问题解决的政策、措施、方案乃至规范标准、法律法规,建立完善的公共体育服务示范区建设的制度保障与工作机制。

公共体育服务体系建设是一项艰巨、复杂的系统工程,公共体育服务发展规划的研究、设计与实施也是需长期努力的持续性过程。目前我国在国际竞技体育领域已占有一席之地,理应通过努力让全民共享务实、均等、高效的公共体育服务。公共体育服务发展规划作为具有先导性和前瞻性的新时期体育事业发展蓝图和行动纲领,应引起各界关注,上升为有可操作性的实践活动,早日实现体育强国梦。

参考文献

[1]陈刚,公共体育服务体系建设 比较研究与创新探索[M].南京:江苏科学技术出版社,2015.

[2]戴健,等.公共体育服务体系建设[M].上海:上海交通大学出版社,2015.

[3]郜邦国,沈克印.全民健身公共服务供给侧改革的实施路径研究[J].体育研究与教育,2020(1):41－46.

[4]耿亚新,张钰.全民健身公共服务设施的高质量发展可视化研究[J].田径,2022(7):59－61.

[5]宫彩燕.全民健身体系研究[M].长春:吉林人民出版社,2020.

[6]龚倩,李丽,柯航.全民健身公共服务可及性体系的构建路径[J].湖北体育科技,2022(10):871－875.

[7]顾慧亚,王晓军.全民健身路径与公共体育服务体系建设研究[M].北京:九州出版社,2018.

[8]顾严.全民健身公共服务迈向更高水平[J].瞭望,2022(13):41－43.

[9]郭大勇.浅析全民健身公共服务体系发展策略[J].体育画报,2022(21):56－57.

[10]郭怡,江育恒.公共体育服务社会参与机制研究[M].杭州:浙江大学出版社,2017.

[11]李晶,谢飞.休闲体育与全民健身[M],北京:光明日报出版社,2017.

[12]李相如,苏明理.全民健身导论[M].北京:高等教育出版社,2008.

[13]李相如.全民健身研究新视点[M].北京:北京体育大学出版社,2008.

[14]李骁天.我国城市社区公共体育服务体系研究[M].北京:科学出版社,2022.

[15]刘成,邓小飞,刘兰娟.我国体育公园的全民健身公共服务供给体系优化研究[J].运动精品,2022(6):50－52,55.

[16]刘仕宁.全民健身公共服务平台发展路径研究[J].体育风尚,2020(7):242－243.

[17]刘志敏.促进体育强国与全民健身运动协调发展战略研究[M].北京:北京体育大学出版社,2014.

[18]马腾.公共体育服务体系建设[M].长春:吉林大学出版社,2018.

[19]孙锋.公共体育服务体系构建与运行研究[M].吉林人民出版社,2021.

[20]王迪.全民健身公共服务升级正当时[J].民生周刊,2022(7):66－67.

[21]王冬梅.全民健身理念解读与运动方法研究[M].北京:中国水利水电出版社,2016.

[22]王家宏，等. 我国公共体育服务体系研究[M]. 苏州：苏州大学出版社，2016.

[23]王金花. 健康中国与全民健身的融合发展研究[M]. 北京：北京理工大学出版社，2018.05.

[24]王佟. 全民健身公共服务的有效供给与推进策略研究[J]. 体育画报，2022(4)：4－5，7.

[25]王桢栋，黄唐子，蒋妤婷，等. 城市综合体创新拓展全民健身公共服务研究[J]. 建筑技艺，2022(10)：10－17.

[26]王子银，李晓东. 健康中国视域下全民健身公共服务体系的构建[J]. 武当，2021(4)：80－81.

[27]吴林. 我国全民健身公共服务体系运行机制与绩效评价[J]. 黑河学院学报，2022(1)：60－61，66.

[28]肖坤鹏，刘长江. 构建更高水平全民健身公共服务体系：内涵、基础与路径[J]. 体育文化导刊，2022(12)：59－65.

[29]杨毛元，易雪虎，张建池. 大众健身理论与实践研究[M]. 长春：吉林大学出版社，2015.

[30]易剑东. 中国体育公共服务研究 J]. 体育学刊，2012(2)：1－10.

[31]于军，周君华. 全民健身服务实践体系建设研究[M]. 北京：中国书籍出版社，2015.

[32]于迎冬. 全民健身公共服务体系建设的研究[J]. 中国市场，2021(7)：111－112.

[33]张发强. 全民健身综论[M]. 北京：人民体育出版社，2007.

[34]张乐. 构建更高水平全民健身公共服务体系[J]. 运动－休闲(大众体育)，2022(11)：22－24.

[35]张瑞林，王先亮，王晓芳. 全民健身公共服务体系动力机制建设研究[M]. 北京：北京体育大学出版社，2016.

[36]张晓敏，李宏弟. 全民健身公共服务体系构成与标准化分析[J]. 当代体育科技，2020(14)：197－198.

[37]赵泓羽，李荣日. 全民健身公共服务治理研究：脉络、视角与趋向[J]. 哈尔滨体育学院学报，2021(6)：38－45.

[38]郑娟，方秋. 全民健身公共服务合作生产的运行逻辑研究[J]. 重庆行政，2022(2)：36－40.

[39]周庆平，徐则阳，李显良. “体育强国”背景下的全民健身公共服务平台的研究[J]. 文体用品与科技，2021(16)：113－116.